QUICHE
TARTE & CO.
DIE GU KÜCHENBIBLIOTHEK

QUICHE
TARTE & CO.

DIE GU KÜCHENBIBLIOTHEK

Rezeptfotos: FoodPhotography Eising
Fotos Warenkunde und Küchentechnik:
FoodPhotography Eising / Studio Teubner

Rezepte:
Cornelia Adam
Angelika Ilies
Christa Schmedes
Gudrun Ruschitzka

Warenkunde und Küchentechnik: Annette Heisch

Inhalt

58 Fisch und Meeresfrüchte

Leichtes als kleine Vorspeise, Feines für Gäste und Herzhaftes für alle Tage – hier spielt Köstliches aus Fluß und Meer die Hauptrolle

84 Fleisch und Geflügel

Deftig mit Schinken und Speck, exotisch mit Geflügel und würzig mit Lamm und Schweinefilet: für jeden Tag und für die große Runde

116 Klassiker aus aller Welt

Ob Pizza, Focaccia oder Calzone aus Italien, Wähen aus der Schweiz oder Fougasse aus der Provence - hier darf grenzenlos geschlemmt werden

140 Register und Küchendolmetscher

QUICHEKÜCHE

Quiche, Pizza, Tarte und Co. schmecken als feine Vorspeisen oder kleine Happen zum Aperitif, solche mit üppigem Belag sind delikate Hauptgerichte, die der ganzen Familie schmecken. Und auch bei Gästeessen erweist sich ein Hauptgang aus dem Backofen als besonders praktisch, denn er gelangt ohne weiteres Zutun zu seiner köstlichen Vollendung – und Sie haben genügend Zeit, sich um Ihre Gäste zu kümmern.

Quiche und Co. in unserer Ernährung

Mürbteig, Hefeteig oder Quark-Öl-Teig lassen sich mühelos anstelle mit Weißmehl auch mit Vollkornmehl zubereiten. In diesem Fall etwas mehr Flüssigkeit zugeben.

Der gesunde Genuß

Quiche und Pizza, Tarte und Pie schmecken nicht nur köstlich, sie leisten auch einen positiven Beitrag zur gesunden Ernährung. Der Teig wird aus Mehl geknetet und besteht hauptsächlich aus den sogenannten komplexen Kohlenhydraten, die für eine kontinuierliche Energiezufuhr im Körper sorgen. Besonders wertvoll sind Teige aus Vollkornmehl, da diese zusätzlich die Vitamine B und E sowie wichtige Minweralstoffe liefern. Ein guter Kompromiß ist das Mischen von Vollkorn- und Weißmehl. Auch der Belag ist reich an wertvollen Inhaltsstoffen, besonders wenn frisches Gemüse mit von der Partie ist. Es liefert vor allem Mineralstoffe wie Kalium und Magnesium. Milchprodukte wie Käse und Joghurt versorgen uns mit hochwertigem Eiweiß und liefern zudem das wichtige Calcium.

Wer einen erhöhten Cholesterinspiegel hat, verzichtet auf Teige mit viel Butter oder Schmalz und gibt Backwerken mit einem Quark-Öl-Teig den Vorzug.

Fett und Kalorien

Viele pikante Kuchen sind ein eher kalorienreiches Vergnügen, vor allem solche mit reichlich Sahne, Crème fraîche und Räucherspeck. Natürlich ist das Fett ein wunderbarer Aromaträger, aber wer Kalorien sparen will, kann fetthaltige Zutaten zum Teil ersetzen oder ganz austauschen: Milch statt Sahne, saure Sahne oder Joghurt statt Crème fraîche, gekochter magerer Schinken statt Räucherspeck. Pflanzliche Fette wie Öle sind gesünder als Butter, Schmalz oder Speck. Olivenöl, Sonnenblumenöl oder Maiskeimöl liefern jede Menge fettlösliche Vitamine und enthalten die gesunden einfach und mehrfach ungesättigten Fettsäuren.

Quiche und Co. in der Küche

Die Temperaturen von Ober- und Unterhitze bzw. Umluft:

Ober/Unterhitze	Umluft
150°	140°
180°	160°
200°	180°
225°	200°
250°	220°

Der Backofen

Im Mittelpunkt des Geschehens steht der Backofen, und die verschiedenen Modelle haben bekanntlich ihre Eigenheiten: Die Geräte heizen unterschiedlich schnell vor und erreichen auch während des Backens nicht immer ganz konstante Temperaturen. Die in den Rezepten angegebenen Zeiten sind deshalb nur als Richtwerte zu betrachten. Beim Backen mit Umluft entfällt das Vorheizen ganz (außer bei Backzeiten unter 20Min.), beim Backen mit Ober- und Unterhitze sollten Sie rechtzeitig ans Vorheizen denken. Und: Behalten Sie Ihr Gebäck am Ende der angegebenen Backzeit im Blickfeld:

- Testen Sie mit Hilfe eines Holzstäbchens, ob der Belag gar ist. Bleibt er daran kleben, muß der Kuchen länger gebacken werden. Ist die Oberfläche bereits knusprig, decken Sie mit Alufolie ab, dabei die glänzende Seite nach innen legen.

- Ist der Belag bereits gar, die Oberfläche jedoch noch nicht schön knusprig, schalten Sie kurz die Grillstufe ein. Bleiben Sie jedoch dabei, denn das Backwerk wird in wenigen Minuten braun.

- Für den Fall, daß der Belag schon fest und appetitlich braun ist, der Boden jedoch noch nicht richtig durchgebacken ist, schieben Sie das Blech auf die untere Schiene, damit das Gebäck von unten mehr Hitze bekommt.

Knuspriges auf die Schnelle

Gerade wenn plötzlich unerwartet Gäste vor der Tür stehen, sind Quiche und Co. ideal. Zum einen lassen sich die ganzen Backwerke sowohl ungebacken als auch gebacken tiefkühlen und müssen dann nur noch im Ofen fertigbacken oder aufbacken (siehe Seite18). Zum anderen lassen sich aus Teigen und einzelnen Zutaten aus dem Tiefkühlvorrat pikante Köstlichkeiten zaubern. Folgende Zutaten sollten Sie dafür im Tiefkühler parat haben: Gekauftes oder selbst vorbereitetes Gemüse und Hartkäse, eventuell bereits gerieben. Auch Fertigprodukte wie Tomaten als Püree oder in Stücken sowie Mais aus der Dose sind empfehlenswert. Fertige Teige gibt es mittlerweile in jedem Supermarkt, im Reformhaus bekommen Sie sogar vorgebackene Pizzaböden im Vakuum aus Vollkornmehl. Je nach Rezept benötigen Sie noch Eier, Sahne oder Milch, die meist ohnehin im Kühlschrank sind. Wer jetzt noch etwas Schinken und einige Zweige frische Kräuter zur Hand hat, ist nahezu perfekt vorbereitet.

Der GU-Wegweiser zum richtigen Rezept

Damit Sie für jede Gelegenheit die passende Quiche, Tarte, Pie oder Pizza finden, folgt auf den nächsten Seiten der Wegweiser zum richtigen Rezept. Er enthält alle wichtigen Informationen über die pikanten Kuchen samt ihren Eigenschaften und erschließt Ihnen die Vielfalt des Buches auf einen Blick.
Dazu wurde jedes Rezept geprüft, klassifiziert und mit Wertmarken wie »Gelingt leicht«, »Preiswert« oder »Frisch am besten« versehen. Da die meisten Rezepte mehrere Eigenschaften haben, und jeder Wertmarke eine Farbe zugeordnet ist, ist eine richtig bunte und informative Tabelle entstanden.
Die jeweils wichtigste Wertmarke, die das Gericht am besten charakterisiert, finden Sie farblich hervorgehoben auf den Rezeptseiten wieder.

Die Zeit
Zwar erwartet man bei Gerichten aus dem Backofen nicht gerade, daß sie im Handumdrehen zubereitet sind. Manche machen jedoch so wenig Arbeit, daß sie rasch vorbereitet sind und in den Ofen geschoben werden können. In der Tabelle finden Sie die Zubereitungszeiten und (in Klammern) die Backzeiten. Alle pikanten Gebäcke, für die Sie bei der Zubereitung nicht mehr als 30 Minuten aufwenden müssen oder solche, die inklusive Backzeit nach 1 Stunde auf dem Tisch stehen, haben daher in der Tabelle beim Stichwort **Schnell** eine Markierung. Andere dagegen, bei denen längere Vorbereitungs- und auch Ruhezeiten anfallen, sind mit **Braucht etwas Zeit** gekennzeichnet.

Die Kalorien
Zu jedem pikanten Kuchen erfahren Sie den Kaloriengehalt pro Person (die meisten sind für 4 Personen, manche auch für 6, 8 oder noch mehr Esser). Hier können Sie auf einen Blick sehen, ob Sie sich für einen eher leichten oder einen richtig deftigen Genuß entschieden haben. Zu diesem Zweck ist auch der Fettgehalt pro Portion angegeben.

Weitere Eigenschaften
Köstliche pikante Kuchen, die jedoch im Haushaltsbudget nicht groß zu Buche schlagen, sind unter der Rubrik **Preiswert** zu finden. Alles, was problemlos auch Anfängern und solchen, die nicht viel Übung haben, bei der Zubereitung von der Hand geht, hat die Wertmarke **Gelingt leicht** bekommen. Manche der Quiche, Pizzen und Tartes schmecken **Frisch am besten,** weil beispielsweise der Teig bei längerem Stehen zu weich wird. Andere hingegen kann man gut für ein Partybuffet oder auch ein Picknick zubereiten, weil sie nicht heiß serviert werden müssen. Sie haben die Wertmarke **Schmeckt auch kalt** bekommen. Wer sich das passende Gericht am liebsten über die Teigart wählt, findet dies für jedes Gebäck in der Tabelle aufgeführt.

Der besondere Anlaß
Mit dem Vermerk **Für Gäste** sind Rezepte versehen, die nicht alltäglich sind. Einige davon sind etwas aufwendiger in der Zubereitung, für andere brauchen Sie besondere Zutaten, aber viele lassen sich gut vorbereiten und gelingen leicht. Rezepte, die sich besonders gut zur Bewirtung einer **großen Runde** eignen, sind ebenfalls vermerkt. Bei manchen sind die Zutaten bereits für viele Personen angegeben, andere lassen sich problemlos verdoppeln oder verdreifachen.

Unendlich viele Kombinationsmöglichkeiten
Nun sehen Sie schon, daß es wichtig ist, mehrere Eigenschaften der pikanten Kuchen zu kennen, um das richtige Gebäck für jeden Anlaß auszuwählen. Manchmal sucht man eben ein preiswertes Rezept für die große Runde oder eines, das leicht gelingt und auch kalt schmeckt.

Das besondere Rezept!

Einige Rezepte des Buches haben wir als besondere Rezepte hervorgehoben. Anhand dieser Beispiele wird erklärt, welche Eigenschaften dieses Rezept zu einem Gästerezept machen, warum ein anderes leicht gelingt und warum das dritte so schnell ist. Dazu gibt es Tips, wie es noch feiner, noch schneller, noch praktischer wird.
Die besonderen Rezepte sind im Buch leicht zu finden, der Text steht auf einer gelben Seite.

GU-WEGWEISER ZUM RICHTIGEN REZEPT

Seite	Rezept	Zubereitungs-zeit	Kalorien pro Portion	Fett pro Portion	Gelingt leicht
	VEGETARISCH				
26	Kleine Gemüsequiches	1 Std. (+ 30 Min.)	610	41 g	■
27	Kleine Spinatpizzen mit Ei	50 Min. (+ 20 Min.)	370	19 g	■
27	Kleine Tomatenpizzen mit Ricotta	1 Std. (+ 25 Min.)	455	26 g	
28	Kleine Quiches mit Broccoli	50 Min. (+ 30 Min.)	485	23 g	■
28	Möhren-Lauch-Tarte	50 Min. (+ 30 Min.)	635	40 g	■
29	Zucchiniquiche mit Kräutersauce	35 Min. (+ 45 Min.)	735	51 g	■
30	Quarkquiche mit Kirschtomaten	55 Min. (+ 1 Std. 10 Min.)	635	37 g	■
31	Kohlrabitarte mit Parmesan und Mandeln	50 Min. (+ 40 Min.)	535	41 g	■
32	Artischockenpizza	50 Min. (+ 20–25 Min.)	660	29 g	■
33	Auberginenpizza	1 1/2 Std. (+ 35–40 Min.)	520	27 g	
35	Sommerliche Gemüsequiche	50 Min. (+ 35 Min.)	490	38 g	
36	Fenchelpizza mit Walnüssen und Ziegenkäse	50 Min. (+ 30 Min.)	580	33 g	
37	Pizza mit Schafkäse	1 1/4 Std. (+ 25 Min.)	720	44 g	■
38	Lauch-Apfel-Quiche	30 Min. (+ 30 Min.)	755	55 g	
39	Birnentarte mit Gorgonzola	50 Min. (+ 30 Min)	535	35 g	■
40	Trauben-Käse-Tarte	45 Min. (+ 25 Min.)	530	35 g	■
40	Aprikosen-Gorgonzola-Tartes	50 Min. (+ 25 Min.)	560	39 g	■
41	Tomaten-Nuß-Tarte	45 Min. (+ 35 Min.)	500	31 g	■
42	Apulische Zwiebelpizza	20 Min. (+ 1 Std. 25 Min.)	420	20 g	■
43	Olivenkuchen	1 1/4 Std. (+ 30 Min.)	510	26 g	■
45	Ligurischer Spinatkuchen	1 3/4 Std. (+ 1 1/2 Std.)	510	18 g	
46	Pilzquiche mit Lauch	1 1/4 Std. (+ 50 Min.)	555	55 g	
47	Schweizer Gemüsewähe	1 Std. (+ 40 Min.)	660	35 g	■
48	Spargelkuchen	1 1/2 Std. (+ 35–40 Min.)	615	38 g	
48	Grüne Spargeltarte	45 Min. (+ 30–35 Min.)	580	42 g	■
49	Spinattaschen mit Schafkäse	40 Min. (+ 15 Min.)	560	41 g	
50	Kräuter-Frischkäse-Quiche	1 Std. (+ 30 Min.)	785	61 g	■
51	Mangoldquiche mit Pinienkernen	1 Std. (+ 40 Min.)	775	62 g	■
52	Tomaten-Rucola-Pizza	40 Min. (+ 35–40 Min.)	560	32 g	■
53	Paprikaquiche mit Roquefort	50 Min. (+ 40 Min.)	735	50 g	■
54	Kürbisquiche mit Kürbiskernen	50 Min. (+ 45 Min.)	600	40 g	
55	Rote Zwiebeltarte	50 Min. (+ 35 Min.)	730	40 g	■
56	Große Gemüsepizza	50 Min. (+ 45–50 Min.)	790	42 g	■
57	Kartoffelpie mit Schalotten	55 Min. (+ 45 Min.)	700	50 g	■

Schnell	Preiswert	Braucht etwas Zeit	Schmeckt auch kalt	Frisch am besten	Für Gäste	Für die große Runde	Teigart
			●		●		Mürbeteig
				●	●		Quark-Öl-Teig
	●			●		●	Hefeteig
				●		●	Hefeteig
	●		●				Mürbeteig
	●			●			Blätterteig
	●		●		●		Mürbeteig
	●		●		●		Quarkteig
				●	●	●	Quark-Öl-Teig
	●	●				●	Hefeteig
			●		●		Quark-Öl-Teig
			●		●		Quark-Öl-Teig
				●		●	Hefeteig
●	●			●			Blätterteig
	●		●		●		Mürbeteig
	●		●				Mürbeteig
			●		●		Mürbeteig
	●			●			Mürbeteig
	●	●		●			Hefeteig
				●	●	●	Hefeteig
	●	●	●		●	●	Mehl-Öl-Teig
		●		●	●		Mürbeteig
	●		●		●		Quark-Öl-Teig
		●		●	●		Mürbeteig
			●		●		Mürbeteig
●			●			●	Blätterteig
	●		●				Mürbeteig
		●	●		●		Mürbeteig
				●	●		Quark-Öl-Teig
			●		●		Quark-Öl-Teig
	●			●			Mürbeteig
	●		●		●		Mürbeteig
	●					●	Quark-Öl-Teig
				●	●		Quarkteig

GU-WEGWEISER ZUM RICHTIGEN REZEPT

Schnell	Preiswert	Braucht etwas Zeit	Schmeckt auch kalt	Frisch am besten	Für Gäste	Für die große Runde	Teigart
	■			■		■	Hefeteig
				■	■		Mürbeteig
					■		Mürbeteig
	■			■			Mürbeteig
	■		■		■		Quarkteig
■				■			Blätterteig
				■	■		Hefeteig
		■		■	■		Quark-Öl-Teig
■				■			Blätterteig
				■	■		Hefeteig
		■		■		■	Kartoffelteig
					■		Mehl-Öl-Teig
■				■			Blätterteig
		■		■		■	Hefeteig
	■			■	■		Hefeteig
		■		■			Hefeteig
				■	■		Mürbeteig
		■			■	■	Mürbeteig
				■	■		Blätterteig
■				■	■		Blätterteig
			■		■		Mürbeteig
				■	■		Blätterteig
	■		■			■	Mürbeteig
	■			■			Quark-Öl-Teig
	■	■				■	Hefeteig
			■		■		Quark-Öl-Teig
		■	■		■		Mürbeteig
	■					■	Quarkteig
			■		■		Quark-Öl-Teig
	■	■		■		■	Hefeteig
		■		■		■	Blätterteig
	■		■				Mürbeteig
	■			■		■	Quarkteig
	■				■		Mürbeteig
	■		■			■	Quark-Öl-Teig
	■			■		■	Hefeteig
			■		■		Mürbeteig
■			■		■		Yufkateig

GU-WEGWEISER ZUM RICHTIGEN REZEPT

Seite	Rezept	Zubereitungs-zeit	Kalorien pro Portion	Fett pro Portion	Gelingt leicht
101	Calzone mit Kalbsbrät	1 1/4 Std. (+ 25 Min.)	600	11 g	
102	Hessischer Speckkuchen	1 1/2 Std. (+ 30 Min.)	745	51 g	
103	Spinatpie mit Speck	1 Std. (+ 45 Min.)	775	56 g	
104	Wirsing-Lamm-Quiche	1 Std. (+ 30–40 Min.)	655	50 g	
105	Lammquiche mit Rosinen und Pinienkernen	50 Min. (+ 35 Min.)	545	35 g	
106	Austernpilz-Schinken-Quiche	1 Std. (+ 30–35 Min.)	785	69 g	
107	Möhren-Speck-Quiche	1 Std. (+ 50 Min.)	755	49 g	
108	Amerikanische Maisquiche	30 Min. (+ 35 Min.)	750	49 g	
109	Pikante Hackfleisch-Chili-Pizza	1 Std. (+ 40 Min.)	540	32 g	
110	Exotische Tarte mit Hühnerbrust	1 1/4 Std. (+ 30 Min.)	610	41 g	
111	Quiche mit scharfem Curryhähnchen	1 Std. (+ 1 Std.)	470	27 g	
111	Hähnchen-Tomaten-Quiche	30 Min. (+ 30 Min.)	740	54 g	
112	Schweinefilet-Sesam-Quiche	1 Std. (+ 30 Min.)	685	38 g	
113	Erdnußquiche mit Pute	1 Std. (+ 35 Min.)	615	41 g	
114	Apfel-Zwiebel-Quiche mit Speck	50 Min. (+ 30 Min.)	775	61 g	
115	Kürbis-Speck-Quiche	1 1/4 Std. (+ 55 Min.)	640	46 g	
	KLASSIKER AUS ALLER WELT				
118	Pizza Margherita	1 1/2 Std. (+ 30 Min.)	820	33 g	
119	Pizza ai quattro formaggi	1 1/2 Std. (+ 12–15 Min.)	615	37 g	
120	Pizza Capricciosa	1 1/2 Std. (+ 30 Min.)	830	32 g	
121	Pizza quattro stagioni	1 1/2 Std. (+ 30 Min.)	625	25 g	
122	Pizzabrot	1 1/2 Std. (+ 12–16 Min.)	340	11 g	
123	Türkische Pizza	1 1/2 Std. (+ 1 Std.)	725	23 g	
125	Quiche lorraine	1 Std. (+ 45 Min.)	785	63 g	
126	Flammenkuchen	1 1/4 Std. (+ 25 Min.)	575	29 g	
127	Schweizer Käsewähe	1 1/4 Std. (+ 35 Min.)	790	48 g	
128	Elsässer Zwiebelkuchen	1 1/4 Std. (+ 40 Min.)	680	49 g	
129	Pissaladière	1 1/4 Std. (+ 25 Min.)	570	16 g	
130	Focaccia mit Kräutern und Käse	1 1/2 Std. (+ 20 Min.)	735	34 g	
131	Focaccia mit Ziegenfrischkäse	1 1/2 Std. (+ 15 Min.)	615	35 g	
131	Focaccia mit Griebenschmalz	1 1/2 Std. (+ 25 Min.)	685	34 g	
131	Focaccia mit Walnüssen	1 1/2 Std. (+ 25 Min.)	515	16 g	
132	Calzone mit Schinken-Mozzarella-Füllung	1 1/2 Std. (+ 20 Min.)	870	31 g	
133	Calzone mit Spinat-Ricotta-Füllung	1 1/2 Std. (+ 20 Min.)	735	25 g	
135	Polnische Piroggen	1 1/2 Std. (+ 15 Min.)	400	18 g	
136	Schweizer Kartoffel-Lauch-Kuchen	1 Std. (+ 35 Min.)	785	53 g	
137	Fougasse	1 3/4 Std. (+ 30 Min.)	425	8 g	
138	Geflügelpie	45 Min. (+ 15 Min.)	830	52 g	
139	Elsässer Winzerpastete	50 Min. (+ 45 Min.)	740	55 g	

Schnell	Preiswert	Braucht etwas Zeit	Schmeckt auch kalt	Frisch am besten	Für Gäste	Für die große Runde	Teigart
	■				■		**Hefeteig**
		■				■	**Hefeteig**
	■			■	■	■	**Mürbeteig**
		■		■	■		**Blätterteig**
				■	■		**Quarkteig**
		■	■		■		**Mürbeteig**
	■	■	■		■		**Mürbeteig**
■	■			■			**Blätterteig**
		■	■				**Quark-Öl-Teig**
					■	■	**Mürbeteig**
		■	■			■	**Mürbeteig**
■				■			**Blätterteig**
				■	■		**Mürbeteig**
	■		■			■	**Mürbeteig**
	■		■			■	**Quarkteig**
		■		■	■		**Mürbeteig**
	■	■		■		■	**Hefeteig**
		■		■		■	**Hefeteig**
		■		■	■		**Hefeteig**
		■		■	■		**Hefeteig**
	■	■		■	■		**Hefeteig**
	■	■		■			**Hefeteig**
	■		■		■	■	**Mürbeteig**
	■	■		■	■		**Brotteig**
	■	■	■		■		**Hefeteig**
	■		■			■	**Mürbeteig**
	■			■	■		**Hefeteig**
	■			■			**Hefeteig**
			■		■		**Mehl-Öl-Teig**
	■		■				**Hefeteig**
			■		■		**Hefeteig**
		■		■	■		**Hefeteig**
		■		■	■		**Hefeteig**
	■		■		■		**Hefeteig**
	■			■		■	**Blätterteig**
		■	■		■	■	**Hefeteig**
■				■			**Blätterteig**
	■			■	■		**Blätterteig**

KÜCHENTECHNIK

Ein knuspriger Boden und ein pikanter Belag – fertig sind Quiche, Pizza, Wähe und Tarte. Die Familie der würzigen Backwerke ist groß und international. Viele sind miteinander verwandt, zahlreiche Variationen machen eine klare Zuordnung manchmal schwierig. Wie unterscheiden sie sich tatsächlich und wo liegt ihr Ursprung? Hier ein kleiner Überblick über die verschiedenen pikanten Köstlichkeiten.

Die **Quiche** ist eine Spezialität der französischen Küche. Dort hat sie eine lange Tradition als Hors d'œuvre – eine klassische warme Vorspeise. Vermutlich ist das Wort Quiche eine mundartliche Abwandlung des Wortes Küche. Am bekanntesten ist die Quiche lorraine, die Lothringer Specktorte. Sie entstammt der bäuerlichen Küche Lothringens und wird aus den Zutaten gemacht, die die Menschen dort schon immer zur Hand hatten: Eier, Mehl, Butter, Räucherspeck und Sahne. Die Basis ist ein Mürbeteig. Dieser bekommt einen ziemlich hohen Rand, denn der Belag ist üppig. Die Variationsmöglichkeiten der Quiche sind unendlich groß. Leichter sind Spielarten ohne Speck mit Gemüse, Pilzen, Schinken, Fisch oder Kräutern. Gemüse und Pilze werden von einigen Ausnahmen abgesehen vorgegart und kommen erst dann auf den Boden. Dieser kann statt aus Mürbeteig auch aus Blätterteig sein.
Der Guß bekommt mit geriebenem Käse noch zusätzlichen Geschmack und Bindung. Wer Kalorien sparen will, ersetzt die Sahne durch Milch. Wer einen besonders cremigen Guß wünscht, verwendet Crème fraîche. Quiches gibt es in zahlreichen Größen, sehr beliebt sind auch Mini-Quiches.

Ebenfalls aus Frankreich stammt die **Tarte.** Sie ist größer und erreicht meist einen Durchmesser von 32 cm. Der Boden aus Mürbeteig ist hauchdünn. Sie sind ähnlich wie die Quiches belegt, jedoch insgesamt flacher. Auch Blätterteig eignet sich bestens als Basis für eine Tarte.

Eine Spezialität der besonderen Art ist die **Tarte flambée,** der **Flammenkuchen.** Flammenkuchen ist ein Nationalgericht im Elsaß. Grundlage ist ein Hefeteig, der sehr dünn ausgerollt wird. Dieser wird mit Crème fraîche oder saurer Sahne, Zwiebeln und Speck belegt und traditionsgemäß über dem offenen Feuer sehr knusprig gebacken. So bekommt er seinen besonderen Geschmack und sein charakteristisches Aussehen – von unten her leicht schwarz. Man kann jedoch auch im normalen Herd Flammenkuchen von guter Qualität herstellen.

Weltweit sorgte vor allem die **Pizza** für Fuore. Die erste Pizzeria öffnete in Neapel 1830 ihre Pforten. Bis dahin verkauften Pizzabäcker ihre knusprigen dünnen Fladen, belegt mit Knoblauch und Öl, mit Mozzarella und Sardellen an offenen Ständen.

Für den großen Durchbruch der Pizza sorgte 1889 Königin Margherita. Sie zeigte Interesse für die Leibspeise der Neapolitaner – zahlreiche Schriftsteller und Künstler, die am Hofe weilten, hatten begeistert davon berichtet. Der beste Pizzabäcker Neapels wurde beauftragt, für die Königin eine Pizza zu kreieren. Sie bestand aus einem dünnen Hefeboden, belegt mit Mozzarella, Tomaten und Basilikum. Die Komposition in rot, grün und weiß, den Farben der italienischen Flagge entzückte die Königin sehr. Ihr zu Ehren nannte man die Kreation »Pizza Margherita«.

Eine Variation der Pizza ist die **Calzone.** Der üppig belegte Boden wird zusammengefaltet. Die Zutaten werden in der Teighülle gebacken und bleiben so wunderbar saftig und entwickeln ein herrliches Aroma. Traditionelle Versionen aus dem Süden Italiens sind mit Ricotta, Mozzarella, Parmesan und Schinken gefüllt. Aber auch Gemüse ist oft mit von der Partie.

Eine weitere Spezialität aus Italien ist die **Focaccia.** Hierbei handelt es sich um eine Art Brotfladen aus Hefeteig, der üppig mit Käse, Zwiebeln, Oliven, Gemüse, Schinken oder Wurst belegt sein kann. Aber auch Varianten nur mit Kräutern und Olivenöl schmecken köstlich. Berühmt ist die Ligurische Focaccia. Diese wird nicht aus Hefeteig, sondern aus Mürbeteig hergestellt. Dieser wird dünn ausgerollt, mit Ziegenkäse oder einem anderen pikanten Käse belegt, mit einer Teigplatte bedeckt und gebacken.

Fougasse ist das französische Pendant zur italienischen Focaccia. Vor allem in Südfrankreich werden die dünnen knusprigen Fladen, belegt mit duftenden Kräutern und beträufelt mit Olivenöl, gerne gegessen.

Die **Wähe** zählt zu den Schweizer Spezialitäten vom Blech oder aus der Form. Die Basis kann ein Mürbe-, Hefe- oder Blätterteig sein. Der üppige Belag besteht aus Gemüse, Schinken, Eiern, Kräutern, Käse – vergleichbar der Quiche.

Pie ist eine Art Schüsselpastete und kommt aus England. Der Teig aus Blätter- oder Mürbeteig dient als Deckel. Er bedeckt die zerkleinerten, vorgegarten und gewürzten Zutaten wie Geflügel, Lamm oder Gemüse. Der knusprige Deckel kann gleich als Beilage mitverspeist werden.

Piroggen, auch **Piroschki** genannt, sind die russische Spielart von kleinen, gefüllten Teigtaschen. Die Teighülle besteht aus Hefe- oder Blätterteig, manchmal aus Mürbeteig, die Füllungen aus vorgegartem Hackfleisch, Innereien, Gemüse, Pilzen oder Fisch. Auch die Formen können äußerst vielfältig sein: Halbmonde, Dreiecke oder Kreise. Außer den kleinen Piroggen, die gerne als Vorspeise oder als Beilage zu Suppen gereicht werden, gibt es auch eine größere Variante, die Kulibjaka, eine Art Riesenpirogge. Sie ähnelt eher einer Pastete und ist in Scheiben geschnitten besonders für Buffets beliebt.

Backformen

Zum Backen von Quiches eignen sich alle runden ofenfesten Formen. Die besten Backeigenschaften haben solche aus dunklem Blech, sie erzielen die beste Bräunung. Ist das Blech mit einer Antihaftbeschichtung versehen, läßt sich das Backwerk besonders gut aus der Form lösen. Sie können herkömmliche **Springformen** verwenden. Diese sind in Größen von 18, 20, 24, 26, 28, 30 und 32 cm im Handel. Besonders praktisch: **spezielle Quicheformen mit Hebeboden.** Damit kann der Kuchen nach dem Backen besonders leicht aus der Form gehoben werden. Man stellt die Form auf eine Konservendose oder einen umgedrehten Topf, dessen Durchmesser kleiner als der des Bodens ist. Dann nimmt man den Rand nach unten hin ab (Foto nächste Spalte oben).

Quicheformen mit Hebeboden gibt es üblicherweise in Größen von 24 und 28 cm Durchmesser. Praktisch sind auch Quicheformen aus Glas, Porzellan oder Keramik, darin können Sie Quiche und Co. direkt vom Herd auf den Tisch bringen.

Für Vorspeisen werden meist **kleine Formen** bevorzugt. Hierfür eignen sich kleine runde Obstkuchenformen oder Schiffchenförmchen aus Blech. In gut sortierten Fachgeschäften gibt es auch kleine Quicheformen mit dem praktischen Hebeboden in Größen von 12 und 14 cm.

Pizzableche haben einen niedrigen, glatten Rand. Gängige Größen sind 20, 24, 28, 30 und 32 cm Durchmesser. Besonders knusprig wird die Pizza in Formen mit einem speziellen Thermoboden, der die Hitze optimal leitet und mit Löchern versehen ist. Pizzableche eignen sich auch für alle Tartes, vor allem auch für solche aus Blätterteig.

Für mehr als 6 Portionen lohnt sich das Backen auf dem **Backblech.**

Für **Pies** eignen sich ofenfeste Formen mit einem geraden Rand von mindestens 4 cm Höhe.

Teig ist die Grundlage von Quiche, Pizza und Co. Hier die Grundrezepte der wichtigsten Teigarten.

Hefeteig

Hefeteig ist die Grundlage zahlreicher pikanter Kuchen und unerläßlich für die Pizzabäckerei. Der klassische Pizzateig wird mit Olivenöl gemacht.

Die Zutaten
Für eine Form von 26–32 cm Durchmesser
250 g Mehl (Type 405)
10 g frische Hefe (1/4 Würfel)
1 Prise Zucker
1/8 l lauwarmes Wasser
1/2 TL Salz
1–2 EL Olivenöl

Die Zubereitung
Das Mehl in eine Schüssel geben, in der Mitte eine Vertiefung hineindrücken. Die Hefe mit Zucker und Wasser gut verrühren. Eventuell in der Mulde mit einem Tuch vor Zugluft geschützt 10 Min. bei Zimmertemperatur stehenlassen, bis sich Bläschen bilden. Oder alles gleich verkneten.

Salz und Öl dazugeben. Alle Zutaten mit den Knethaken des elektrischen Handrührgeräts zu einem glatten Teig verkneten. Zum Schluß den Teig von Hand kneten, so daß er schön elastisch wird.

Den Teig zugedeckt bei Zimmertemperatur 1 Std. gehen lassen. Die Teigmenge sollte sich verdoppeln. Den Teig nochmals gut durchkneten und auf wenig Mehl ausrollen.

Tips
- Alle Zutaten sollen Zimmertemperatur haben. Hefe rechtzeitig aus dem Kühlschrank nehmen. Die Flüssigkeit zum Auflösen der Hefe kann bis zu 40° warm sein. Ist sie zu heiß, verliert die Hefe ihre Triebkraft.
- Den Teig gut und kräftig durchkneten, etwa 5 Min. lang, so daß er schön elastisch und geschmeidig wird.
- Ist der Teig zu weich und klebrig, noch etwas Mehl hinzufügen. Ist er zu fest, noch etwas Wasser unterkneten.
- Besonders geschmeidig und gehaltvoll wird der Teig mit mehr Öl. In diesem Fall erhöht sich die Hefemenge. Kommen auf 250 g Mehl 4 EL Öl so rechnet man etwa 1/2 Päckchen Frischhefe oder 1 Päckchen Trockenhefe.

Varianten

Mit Trockenhefe:
Trockenhefe einfach mit dem Mehl vermischen, dann Wasser, Salz und Fett unterkneten. Der Vorteig entfällt. Ein Päckchen Trockenhefe enthält 7 g, dies entspricht 1/2 Würfel Frischhefe. Diese Menge reicht in der Regel für 500 g Mehl.
Mit Vollkornmehl:
Statt Weißmehl können Sie dieses Rezept auch mit Weizen-Vollkornmehl zubereiten. Einen besonders guten, leicht nussigen Geschmack bekommt der Boden mit Dinkel-Vollkornmehl. Bei der Zubereitung mit Vollkornmehl benötigt der Teig mehr Flüssigkeit, auf 250 g Mehl etwa 175 ml Wasser.
Mit Butter:
Anstelle des Öls kann man auch 15 g weiche Butter verwenden.

Teigmengen
Die Teigmenge richtet sich natürlich in erster Linie nach der Größe der Backform. Eine ähnlich wichtige Rolle spielt jedoch die gewünschte Dicke des Bodens und die Höhe des Rands. Die im Grundrezept angegebene Menge reicht beispielsweise für einen Gemüsekuchen in einer Springform (Durchmesser 26–28 cm) mit einem Teigrand von 2–3 cm Höhe. In diesem Fall ist der Boden nicht zu dünn (etwa 5 mm). Für einen dünnen knusprigen Pizzateig verwenden Sie eine Form mit einem Durchmesser von 30–32 cm. In diesem Fall ist die Höhe des Teigrands 1/2–1 cm, die Teigdicke nur 2–3 mm.
Für ein Backblech rechnen Sie 400 g Mehl, 1/2 Päckchen Frischhefe oder 1 Päckchen Trockenhefe, 200 ml lauwarmes Wasser und 2–3 EL Öl oder 25 g Butter.

Mürbeteig

Der knusprig-zarte Teig eignet sich für Quiches und Tartes genauso wie für Piroggen und Pies. Das Grundrezept 1 ist mit Ei, das Grundrezept 2 ohne Ei, jedoch mit Eiswasser zubereitet. Die 2. Variante heißt auch Pastetenteig oder Pâte brisée.

Grundrezept 1
Die Zutaten
Für eine Form von 26–32 cm Durchmesser
250 g Mehl (Type 405)
125 g kalte Butter
1/4 TL Salz
1 Ei

Die Zubereitung
Das Mehl auf die Arbeitsfläche sieben, aufhäufen und mit dem Salz mischen. In die Mitte des Mehls eine Mulde drücken. Die kalte Butter in 1/2 cm kleine Stücke schneiden und rund um die Mulde verteilen. Das Ei in die Vertiefung gleiten lassen.

Sämtliche Zutaten mit einem Messer kräftig durchhacken, so daß kleine Teigkrümel entstehen. Mit den Händen rasch zu einem Teig verkneten.
Teig in Frischhaltefolie wickeln und mindestens 30 Min. kühl stellen.

Grundrezept 2
Für eine Form von 26–32 cm Durchmesser
250 g Mehl (Type 405)
100 g kalte Butter
1/4 TL Salz
etwa 7 EL eiskaltes Wasser

Die Zubereitung
Mehl und Salz mischen. Die Butter in 1/2 cm Stücke schneiden und mit einem Messer unter das Mehl hacken, so daß Krümel entstehen.
Das Wasser dazugeben, mit einer Gabel untermischen, dann alles rasch mit den Händen zu einem glatten Teig verkneten. Ganz kleine Fettstückchen können noch im Teig sichtbar sein.
Teig in Frischhaltefolie wickeln und mindestens 30 Min. kühl stellen.

Tips

- Butter und Ei sollten direkt aus dem Kühlschrank kommen.
- Bei Teig 2 verwenden Sie am besten Eiswasser. Hierfür Eiswürfel aus dem Tiefkühler nehmen, in eine Schüssel geben und das Schmelzwasser unter die Teigzutaten mischen.
- Das Zusammenkneten des Teigs muß sehr rasch erfolgen. Auf keinen Fall zu lange kneten, sonst schmilzt die Butter und der Teig wird klebrig und weich und beim Backen nicht schön mürbe.
- Bei größeren Teigmengen lohnt sich der Einsatz der Küchenmaschine. In diesem Fall alle Zutaten in die Schüssel mit dem Messereinsatz geben und blitzschnell – falls möglich mit Intervallschaltung – hacken. Dann von Hand rasch zusammenkneten.
- Den Teig vor der Weiterverarbeitung auf jeden Fall gekühlt ruhen lassen, so läßt er sich perfekt formen und backen. Das Einwickeln in Folie ist wichtig, denn der Teig muß vor dem Austrocknen geschützt werden.

Variante

Mit Vollkornmehl:
Beim Grundrezept 1 und 2 noch etwa 2 EL kaltes Wasser dazugeben. Wer die Getreidekörner selbst mahlt, sollte das frischgemahlene Mehl auf dem Backbrett oder der Arbeitsfläche ausbreiten, damit es auskühlen kann.

Teigmengen
Die Teigmenge richtet sich zum einen nach der Größe der Form, zum andern danach, wie hoch der Rand geformt oder ob das Backwerk mit Teig bedeckt wird. Mürbeteig wird in der Regel etwa 3 mm dick ausgerollt. Die angegebene Teigmenge reicht für eine Springform mit einem Durchmesser von 26–28 cm mit einem 3 cm hohen Teigrand oder für eine Tarteform von 30–32 cm mit 1/2 cm hohem Rand. Sie können mit der Teigmenge 6–8 Tortelett-Formen (12–14 cm Durchmesser) auslegen.

Blindbacken
Bei Mürbeteigböden mit sehr saftigem Belag empfiehlt sich das Vorbacken, auch Blindbacken genannt. Hierfür den Teig mit einem auf die Form zugeschnittenen Stück Back- oder Pergamentpapier belegen, darauf Hülsenfrüchte, wie Erbsen oder Bohnen, verteilen. Den Teig etwa 10 Min. vorbacken. Papier und Hülsenfrüchte abnehmen. Die Hülsenfrüchte können Sie immer wieder zum Blindbacken verwenden, wenn sie, sobald sie abgekühlt sind, in einem Schraubglas aufbewahrt werden.

Blitz-Blätterteig

Die Zubereitung des klassischen Blätterteigs ist so aufwendig, daß man besser tiefgefrorenen kauft. Eine gute Alternative ist dieser »Blitz-Blätterteig« mit Quark. Er eignet sich für alle Quiches und Tartes.

Die Zutaten
Für eine Form von 30–32 cm Durchmesser
250 g Mehl (Type 405)
1/4 TL Salz
250 g kalte Butter
250 g Magerquark

Die Zubereitung
Mehl und Salz mischen. Butter in 1/2 cm kleine Stücke schneiden, zum Mehl geben und mit einem Messer bröselig hacken. Den gut abgetropften Quark hinzufügen und mit den Rührquirlen des Handrührgeräts untermischen. Dann mit den Händen rasch zu einem glatten Teig zusammenkneten.
Teig in Frischhaltefolie wickeln und 1 Std. kühl stellen. Den Teig auf bemehlter Arbeitsfläche etwa 1/2 cm dick zu einem Rechteck ausrollen.

Danach den Teig von der schmäleren Seite her bis gut zur Mitte einschlagen, die andere Teighälfte darüber legen, so daß der Teig in drei Schichten übereinander liegt. Den Teig in Frischhaltefolie wickeln und 30 Min. kühlen.

Tips

- Noch blättriger wird der Teig, wenn Sie ihn nach dem zweiten Kühlen nochmals dreifach übereinanderlegen, kühlen und dann erst weiterverarbeiten.
- Teigreste niemals zusammenkneten. Vor dem Ausrollen nur aufeinanderlegen.
- Am besten, Sie bereiten gleich die doppelte Menge zu und frieren einen Teil ein (siehe Seite 18).
- Für die Zubereitung mit Vollkornmehl eignet sich Blätterteig nicht.

Quark-Öl-Teig

Der schnelle unkomplizierte Teig eignet sich ähnlich wie Hefeteig für sämtliche pikante Kuchen.

Die Zutaten
Für eine Backform von 26–32 cm Durchmesser
125 g Magerquark
5 EL Öl (z. B. Maiskeim- oder Sonnenblumenöl)
1/4 TL Salz
1 Ei
250 g Mehl (Type 405)
1/2 TL Backpulver

Die Zubereitung
Den Quark in ein Küchentuch geben und auspressen, so daß er schön trocken ist. In eine Schüssel geben, Öl, Salz und Ei dazugeben und mit einem Schneebesen glattrühren.

Mehl und Backpulver darüber sieben. Mit den Knethaken des elektrischen Handrührers untermischen. Alles mit der Hand zu einem glatten Teig zusammenkneten. 30 Min. kühlen.

Variante

Mit Vollkornmehl:
Den Quark nicht auspressen. So bekommt der Teig genügend Feuchtigkeit.

Teigmengen
Siehe Hefeteig (Seite 16).
Für ein Backblech benötigen Sie 200 g Magerquark, 8 EL Öl, 1/2 TL Salz, 1 großes Ei, 400 g Mehl, 1 TL Backpulver.

Teige vorbereiten und tiefkühlen

Vorbereiten

Alle Teige lassen sich vorbereiten und in Frischhaltefolie eingewickelt oder in einem verschlossenen Gefäß im Kühlschrank lagern. Mürbeteig und Blätterteig halten sich so 2 Tage, Quark-Öl-Teig und Hefeteig 1 Tag. Bei Hefeteig gibt es auch folgende Möglichkeit: Den Teig nach dem Zusammenkneten und vor dem Gehenlassen in einen Plastikbeutel geben. Der Teig verdoppelt sich innerhalb von 8 Stunden. Achten Sie darauf, daß der Beutel groß genug ist.

Tiefkühlen

Hefeteig läßt sich prima einfrieren. Hierfür nach der Gehzeit nochmals kräftig durchkneten, anschließend den Teig flachdrücken, in einen Gefrierbeutel geben und gut verschließen. Den Beutel nicht zu eng verschließen, denn der Teig kann sich leicht vergrößern. Das Flachdrücken hat den Vorteil, daß Sie den Teig platzsparender im Tiefkühler unterbringen und daß er später schneller auftaut. Der Teig hält sich tiefgefroren etwa 3 Monate. Am besten langsam im Kühlschrank auftauen lassen. Anschließend bei Zimmertemperatur nochmals 15 Min. gehen lassen, dann erst ausrollen.Auch **Mürbeteig, Quark-Öl-Teig** und **Quark-Blätterteig** lassen sich sehr gut einfrieren. Teig flachdrücken und in einen Gefrierbeutel geben. Haltbarkeit: 2 Monate. Im Kühlschrank auftauen lassen.

Praktisch ist auch das Einfrieren von **ganzen Kuchen.** Hierfür gibt es zwei Möglichkeiten: Den Teig belegen, **ungebacken** auf dem Blech oder in einer Aluform einfrieren. Verwendung: Noch gefroren im Backofen erhitzen und wie gewohnt backen. Die Backzeit kann sich dabei etwas verlängern. Besonders gut für Pizza geeignet. Oder Sie belegen und **backen** den Kuchen und frieren ihn lauwarm ein. Noch gefroren im vorgeheizten Backofen aufbacken, bis er heiß ist. Besonders gut für Quiches, Pies, kleine Kuchen und Teigtaschen geeignet. Haltbarkeit: 2 Monate.

Wichtig: Die kleinen Teigstücke oder großen gebackenen Kuchen in extra-starke Alufolie einwickeln.

Fertigteige und Co.

Teige als Fertig- und Halbfertigprodukt aus dem Supermarkt sparen Zeit und sind auch praktisch für den Vorrat. Damit können Sie sogar Spontanbesuch mit Quiche und Pizza verwöhnen. Die Auswahl solcher Teigprodukte wird ständig vielfältiger, hier eine kleine Übersicht.

Pizzateig

Gibt es als Fertigteig im Kühlregal, sogar bereits auf Backpapier auf eine Größe von 32 cm ausgerollt. Gekühlter Pizzateig ist in der Regel kein Hefeteig, sondern ein Teig mit Backpulver. Haltbarkeit: etwa 3 Wochen im Kühlschrank. Beachten Sie das Mindesthaltbarkeitsdatum.

Pizzateig gibt es auch als Backmischung im Supermarktregal. Hier müssen Sie noch Wasser zufügen, den Teig verkneten und auf die beliebige Größe ausrollen. Haltbarkeit: etwa 12 Monate; Mindesthaltbarkeitsdatum beachten.

Fertigteige aus Vollkornmehl gibt es in Reformhäusern und Bioläden zu kaufen, sie sind vorgebacken und vakuumverpackt. Sie sind mit Hefe und gelegentlich mit Natursauerteig zubereitet. Haltbarkeit: ungekühlt 3–4 Monate.

Übrigens, die meisten Pizzateige eignen sich außer für Pizza auch für Gemüsekuchen.

Blätterteig

Gibt es ebenso wie den Pizzateig als Fertigteig bereits auf Backpapier ausgerollt im Kühlregal.

Ein Klassiker unter den Fertigteigen ist der tiefgefrorene Blätterteig. Beachten Sie das Mindesthaltbarkeitsdatum auf der Packung. Die Teigplatten einzeln auf der Arbeitsfläche ausbreiten, mit einem Tuch bedecken und bei Zimmertemperatur in 20 Min. auftauen lassen. Dann legt man sie aufeinander und rollt sie auf die gewünschte Größe aus.

Blätterteig kann für Quiches, Tartes, Pies und Piroggen verwendet werden.

Vorbereiten

Fetten der Backform

Bei Hefe- oder Quarkölteig die Form mit einem hitzefesten Öl (s. S. 23), Butter oder Butterschmalz gut fetten. Das geht am besten mit einem Backpinsel. Bei Mürbeteig reicht ein leichtes Einfetten, denn der Teig enthält bereits reichlich Fett. Mürbeteig kann auch in ungefetteter Form gebacken werden. Der Blätterteig geht besonders schön auf und gut aus der Form, wenn diese mit kaltem Wasser ausgespült wird und der Teig in die feuchte Form gelegt wird.

Ausrollen des Teigs

Den Teig auf wenig Mehl mit einem bemehlten Nudelholz etwas größer als die vorgesehene Form ausrollen. Dabei den Teig immer wieder von der Arbeitsfläche lösen, leicht drehen und weiter ausrollen. Für die richtige Größe die Form umgedreht auf den ausgerollten Teig stellen, je nach Randhöhe 1/2–3 cm dazugeben, dann mit einem Messer oder Teigrädchen ausschneiden. Oder Sie schneiden den Teig genau auf die Blechgröße zu, in diesem Fall muß der Rand später extra geformt und angedrückt werden. Mürbeteig läßt sich praktisch zwischen Frischhaltefolie ausrollen. Vorteile: Man braucht kein zusätzliches Mehl, der Teig wird feiner.

Auslegen der Form

Den ausgerollten Teig locker auf die Hälfte zusammenklappen, in die Form legen und wieder auseinanderklappen.
Oder den ausgerollten Teig um das Nudelholz rollen und vorsichtig auf das Blech abrollen. Den Rand gut andrücken. Überstehenden Teig mit einer Haushaltsschere oder einem Messer abschneiden oder mit dem Nudelholz kräftig darüberrollen und so den restlichen Teig entfernen. Überstehender Mürbe-

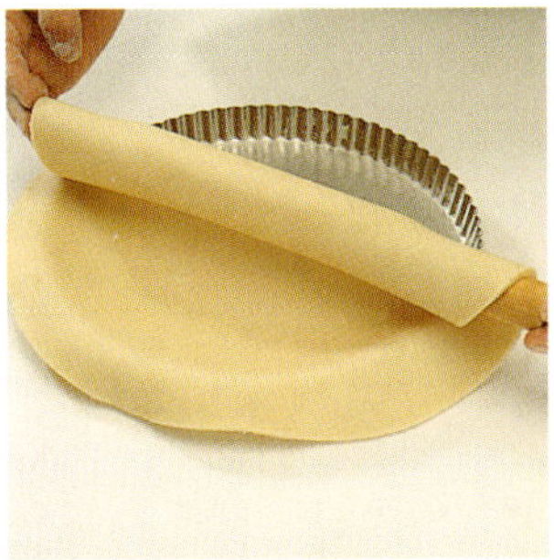

oder Blätterteig kann auch nach dem Belegen locker 1–2 cm nach innen geklappt werden. Zum Belegen von größereren Backblechen sind kleine Teigroller praktisch, damit kann man den Teig auf dem Blech ausrollen.

Tips

- Besonders dekorativ wird der Rand, wenn der Teig in zwei dünne Rollen geformt und zur Spirale gedreht wird.

- Bei gedeckten Kuchen, Teigtaschen (Calzone, Piroggen) oder bei Pies kann man mit den Teigresten hübsche Dekorationen ausstechen oder mit einem Messer schneiden, zum Beispiel Blättchen oder Zöpfchen. Mit verquirltem Eigelb bepinselt bekommt das Backwerk einen schönen Glanz.
- Bei Pies muß der Schüsselrand mit Eiweiß bepinselt werden, damit die Teigdecke klebt. Außerdem muß ein Dampfloch ausgestochen werden.

Backen

Herd und Temperatur

Bei den meisten Backöfen ist eine **Vorheizzeit** von 10–15 Minuten nötig. In den Rezepten wird an entsprechender Stelle auf das Vorheizen hingewiesen. Beim Backen mit **Umluft** wird in der Regel nicht vorgeheizt. Ausnahmen sind kurze Backzeiten bis zu 20 Minuten und Temperaturen über 200°. Die genannten Temperaturen reduzieren sich beim Backen mit Umluft. Richten Sie sich dabei nach der Tabelle auf Seite 6. Besonders komfortable Herde verfügen über eine sogenannte **Stark- oder Pizzabackstufe.** Das ist eine Kombination von Umluft sowie Ober- und Unterhitze. Diese Backstufe ist ideal, wenn eine intensive Bräunung von unten erwünscht ist, zum Beispiel bei Pizza, Zwiebelkuchen oder Blätterteiggebäck. Richten Sie sich nach den Angaben des Herdherstellers. Für passionierte Pizzabäcker bietet der Handel elektrische **Steinbacköfen.** Hier werden Temperaturen von 300° erreicht, die Pizza ist in wenigen Minuten gebacken und besonders knusprig.

Einschubhöhe

In jedem Rezept ist die Einschubhöhe angegeben. Die untere Schiene ist ideal, wenn es auf einen gut gebackenen Boden ankommt, zum Beispiel beim Blindbacken des Mürbeteigs oder beim Pizzabacken. Die obere Schiene empfiehlt sich, wenn zum Schluß des Backens die Oberfläche knusprig bräunen soll, etwa bei Quiches. Beim Backen mit Heißluft können Sie mehrere Bleche einschieben und auf verschiedenen Ebenen gleichzeitig backen.

Die Backzeit

Die angegebenen Backzeiten sind Richtwerte. Die Backleistung der verschiedenen Herde kann je nach Herdtyp und -hersteller unterschiedlich sein. Auch das Material der Form spielt eine Rolle. So erwärmen sich beispielsweise Keramikformen langsamer, das kann die Backzeit verlängern. Bei zu starker Bräunung der Oberfläche muß stets mit Alufolie abgedeckt werden. Hierbei die glänzende Seite nach innen legen, damit die Hitze auf das Backgut reflektiert. Machen Sie auf jeden Fall eine Garprobe, bevor Sie den Kuchen herausnehmen. Stechen Sie mit einem Holzstäbchen in den Kuchen. Bleibt das Stäbchen beim Herausziehen trocken, ist der Kuchen fertiggebacken. Pizzen werden sofort serviert, Quiches und Tartes sollten möglichst 5–10 Min. im ausgeschalteten Ofen ruhen, dann läuft beim Anschneiden nicht soviel Saft heraus.

Servieren

Flache knusprige Backwerke lassen sich besonders praktisch mit einer Schere oder einem speziellen Teigrädchen schneiden. Auch Pies mit knusprigem Teigdeckel werden am besten zuerst mit einer Küchenschere aufgeschnitten, und dann erst mit einem normalen Messer portioniert. Kuchen mit dickem Belag mit einem Sägemesser oder einem elektrischen Messer in Stücke schneiden und mit einer Palette auf die Teller heben.

WARENKUNDE

Ob Quiche oder Pizza, die Qualität der Zutaten trägt entscheidend zum guten Gelingen des Backwerks bei. Eingelegte Würzzutaten, Käse, Gemüse und Kräuter sind fast immer mit von der Partie und verleihen den besonderen geschmacklichen und optischen Akzent.

Sardellen

Eingelegte Sardellen zählen zu den beliebten Würzzutaten auf Pizzen oder mediterranen Quiches und geben diesen einen sehr kräftigen, typischen Geschmack. Sardellen sind kleine fettreiche Fische aus der Heringsfamilie, sie kommen vor allem als Konserve in die Regale des Supermarkts. Die Fische werden sofort nach dem Fang gesalzen und entwickeln so nach mehreren Monaten Reifezeit ihr typisches Aroma. Die Filets werden in Öl oder Salzlake eingelegt und kommen in kleinen Gläschen oder Dosen in den Handel. Als besondere Delikatesse gelten die eingelegten Sardellen des Mittelmeers, vor allem die französischen. Häufig findet man auch Sardellenringe im Handel, das sind Kapern und Paprikastückchen, umwickelt mit Sardellenfilets. Auch Sardellen in Würzsauce unter dem Namen Anchovis werden häufig angeboten. Sardellenringe und Anchovis sind nicht gemeint, wenn im Rezept Sardellenfilets angegeben sind. Vor der Verwendung die Sardellenfilets stets unter fließendem Wasser abspülen und mit Küchenpapier trockentupfen. Sardellen wegen des kräftigen Geschmacks nur sparsam verwenden. Die restlichen Sardellenfilets sollten für die weitere Aufbewahrung gut mit Flüssigkeit bedeckt sein. So halten sie sich kühl gestellt mehrere Monate.

Oliven

Sie verleihen Quiches und Pizzen einen charakteristischen Geschmack und eine südländische Optik. Oliven sind die Steinfrüchte des Ölbaums, aus den fettreichen Sorten wird Olivenöl hergestellt, die fettärmeren Sorten – sie enthalten etwa 15 % Fett – kommen als Speiseoliven auf den Markt. Grün oder schwarz? Das ist eine Frage der Reife. Grüne Oliven werden unreif geerntet. Durch längeres Einlegen in eine Salzlösung verlieren sie den bitteren Geschmack und bekommen ein leicht nußartiges Aroma. Große grüne Oliven werden häufig mit Paprika, Mandeln, Sardellen oder Zwiebeln gefüllt. Schwarze Oliven sind reif geerntete Oliven. Sie schmecken milder, sind meist in Öl eingelegt und nicht gefüllt. Oliven gibt es in Gläsern oder Plastikverpackungen zu kaufen. In manchen Supermärkten, Feinkostabteilungen und auf Märkten werden sie auch offen angeboten, häufig mit Knoblauch und Kräutern gewürzt. Zum Backen eignen sich am besten die ungefüllten Oliven. Die anderen Olivenspezialitäten können Sie sehr gut zu Quiches oder Pizzen als Beilage servieren, vor allem wenn sie als Vorspeise gereicht werden. Offen gekaufte Oliven ohne Salzlake halten sich 2–3 Tage im Kühlschrank. Oliven in Öl oder Salzlake können Sie mit Flüssigkeit bedeckt mehrere Wochen kühl gestellt aufbewahren. Achten Sie darauf, daß die Oliven entsteint sind, wenn Sie Quiche oder Pizza damit belegen. Wer Oliven mit Steinen gekauft hat, kann diese praktisch und schnell mit dem Kirschentkerner entfernen.

Kapern

Kapern verlieren durch das Erhitzen schnell ihr Aroma. Deshalb sollten sie nur kurz mitgebacken werden oder nach dem Backen auf Quiche und Co. verteilt werden. Kapern sind die grünen noch geschlossenen Blütenknospen des Kapernstrauchs, ein Gewächs des Mittelmeerraums. Durch Einsalzen oder Einlegen in Essig oder Öl wird das herb-würzige Aroma geweckt. Kleine Kapern haben den feinsten Geschmack. Kapern gibt es in den meisten Supermärkten zu kaufen. Seltener sieht man Kapernfrüchte. Diese entwickeln sich aus der Blütenknospe, sie können bis zu 2 cm lang werden und haben einen Stiel. Auch sie kommen in Essig oder Öl eingelegt in Gläsern in den Handel. Sie werden ähnlich wie Oliven eingesetzt.

Kapern- oder Kapernfrüchte in angebrochenen Gläsern müssen stets mit Flüssigkeit bedeckt im Kühlschrank aufbewahrt werden.

Tomaten

Sie zählen zu den Hauptzutaten fast jeder Pizza und sind zerkleinert oder als würzige Sauce die Basis des Belags. Aber auch bei Quiches kommen Tomaten zum Einsatz, sie machen den Belag saftig und werden mit ihrem kräftigen Rot zum optischen Blickfang. Bei **frischen Tomaten** sind nur Freilandtomaten zu empfehlen, da sie den besten Geschmack haben. Bevorzugen Sie aromatische Sorten wie Eier-, Kirsch- oder Buschtomaten und achten Sie darauf, daß die Tomaten gut reif sind. Tomaten möglichst bei Zimmertemperatur lagern, im Kühlschrank verlieren sie ihr Aroma unwiederbringlich. Für die Tomatensauce werden die Tomaten vorher geschält. Hierfür die Tomaten kreuzweise einschneiden und mit kochendem Wasser überbrühen, dann kalt abschrecken und die Haut abziehen.
Wenn Tomaten gerade keine Saison haben oder falls Sie wenig Zeit haben, erweisen sich auch **Tomatenkonserven** als gute Alternative. Hier unterscheidet man zwischen geschälten ganzen Tomaten im Tomatensaft und geschälten gehackten Tomaten im Tomatensaft, häufig auch als Pizza-Tomaten im Handel. Die zerkleinerten Tomaten sind vor allem für Saucen praktisch. Die ganzen Tomaten kann man auf Wunsch halbieren und entkernen und anschließend für den Belag in Streifen schneiden. Weitere Tomatenprodukte sind passierte Tomaten, in Kartonverpackungen angeboten, sowie fertig gewürzte Saucen in Gläsern oder Kartonverpackungen. Sie können direkt aus dem Glas auf dem Teig verteilt werden und sparen Zeit. Wer selber würzen möchte, zieht geschälte, gehackte oder passierte Tomaten vor, sie sind höchstens gesalzen. Besonders aromatisch sind **getrocknete Tomaten.** Sie sind in Öl eingelegt im Handel. Man muß sie nur noch in Streifen schneiden.

Tomatensaucen-Grundrezept für 2 Pizzaformen von 30–32 cm Durchmesser:
500 g reife Tomaten enthäuten, halbieren und würfeln oder 1 Dose Pizza-Tomaten (400 g Inhalt) verwenden. Je 1 Zwiebel und Knoblauchzehe schälen, hacken und in 2 EL Olivenöl glasig werden lassen. 1 TL getrockneten Oregano untermischen. Tomaten und 1 EL Tomatenmark zugeben. Kräftig salzen und pfeffern. 15 Min. ohne Deckel köcheln lassen, ab und zu umrühren. Mit 1 Prise Zucker abschmecken.

Artischocken

Das edle Gemüse mit dem zarten Geschmack paßt zu Quichespezialitäten und ist ein Muß für viele Pizzen. Artischocken stammen meist aus Frankreich oder Italien. Für die eingelegten Artischocken werden nur die fleischigen Böden der Blütenstände verwendet. Sie werden gegart und sind in Öl oder einem Würzsud als eingelegte Artischockenherzen im Handel. Vor dem Belegen auf den Quiche- oder Pizzaboden sollten sie auf einem Sieb gut abtropfen und dann mit Küchenpapier trockengetupft werden. Nicht zu lange mitbacken, sonst werden sie zu weich.

Chilischoten

Sie bringen Schärfe auf Quiche und Co. und eignen sich für deftig-würzige Backwerke. Für zarte Quiches sind sie ungeeignet. Chilischoten werden auch Pfefferschoten oder Peperoni genannt. Im Sud eingelegt sind kleine rote Schoten als »Piri Piri« und größere, fleischige rote oder grüne als »Pfefferoni« in Gläsern im Handel. Wer frische Chillies verwendet, hat die Wahl zwischen roten und grünen. Die grünen Schoten sind unreif geerntet und weniger scharf. Die kleinen roten Schoten hingegen sind meist höllisch scharf und sollten nur äußerst sparsam eingesetzt werden. Die Samen und die Trennwände der Chillies sind besonders scharf. Wer die Schärfe etwas mildern möchte, sollte die Schoten längs halbieren, die Samen und Trennwände entfernen und die Schoten anschließend mit kaltem Wasser abspülen. Die Schoten schärfen Saucen, indem man sie mitkocht und anschließend wieder herausnimmt. Oder sie werden in feine Streifen geschnitten und kommen auf den Belag.

Nach dem Anfassen von eingelegten oder frischen Chillies stets die Hände waschen und nicht in den Augen reiben, denn die Schärfe haftet an den Fingern und brennt.

Frische Kräuter können Sie sehr gut in Töpfchen auf dem Balkon oder am Küchenfenster ziehen. Sie sollten stets vor der Blüte verwendet werden, sonst verlieren sie an Aroma. Frische Kräuter im Bund locker in Plastikbeuteln verpackt im Gemüsefach des Kühlschranks aufbewahren.

Kräuter

Sie bringen Geschmack, Abwechslung und Farbe auf Quiches und Co. Zarte frische Kräuter werden meist erst über den fertigen Kuchen gestreut. Robustere Kräuter werden mitgebacken und verströmen so einen wunderbaren Duft. Getrocknete Kräuter vor dem Zugeben zwischen den Handflächen zerreiben, so können sie das Aroma besser entfalten.

Basilikum kann in Streifen geschnitten zwar mit dem Belag gebacken werden, es verliert aber sehr an Aroma. Deshalb stets nach dem Backen noch frische Basilikumblättchen über die Pizza oder Quiche streuen. Bevorzugen Sie Basilikum mit kleinen Blättern, sie haben das intensivste Aroma. Basilikum schmeckt nur als frisches Kraut, tiefgefroren und getrocknet sind die Aromaverluste zu groß. **Bärlauch** ist ein Verwandter des Knoblauchs und strömt auch einen starken Knoblauchduft aus. Er wächst wild und wird im Frühling gepflückt. Bärlauch läßt sich durch Knoblauch, kombiniert mit jungem Lauch oder Frühlingszwiebeln ersetzen. **Korianderkraut** würzt vor allem Gerichte der asiatischen und mexikanischen Küche. Nur sparsam dosieren, den Geschmack mag nicht jeder. **Oregano,** das klassische Pizzakraut, wird auch Dost oder wilder Majoran genannt. Es entfaltet nur erhitzt das volle Aroma. Oregano kann frisch und getrocknet gleichermaßen gut verwendet werden. Das Kraut macht Gerichte nicht nur aromatischer, sondern erleichtert bei fetthaltigen Belägen auch die Verdauung. **Rosmarin** sollte unbedingt erhitzt werden. Die nadelartigen Blätter passen gut zu Gemüse. Achten sie darauf, daß die Rosmarinnadeln, die auf den Belag gestreut werden, gut mit Öl bepinselt werden, sonst werden sie schwarz. Getrockneter Rosmarin schmeckt etwas bitterer als frischer. Die Nadeln werden stets vom Stiel gestreift. Rosmarinnadeln können beim Essen wie Gräten wirken, grob gehackt kann man sie besser genießen. **Rucola** mit seinem leicht scharfen Geschmack, der an Nüsse und Rettich erinnert, macht sich auch auf Pizzen, vor allem in der Kombination mit Tomaten, sehr gut. Rucola darf allerdings nur sehr kurz erhitzt werden. Am besten man gibt ihn roh oder kurz in Olivenöl gedünstet auf die fertige Pizza. **Thymian** entfaltet – frisch oder getrocknet – nur erhitzt sein Aroma. Er paßt besonders gut zu Belägen mit Pilzen oder Lamm. **Salbei** entfaltet sein zart-bitteres Aroma am besten, wenn die frischen Blättchen in Öl oder Butter gebraten oder mit Öl bepinselt kurz mitgebacken werden.

Oregano

Gewürze

Sie verleihen den pikanten Backwerken das charakteristische Aroma und manchmal auch Farbe. Frisch gemahlen entfalten die Gewürze den intensivsten Geschmack. Falls Sie Gewürze bereits gemahlen kaufen, sollten Sie sich nur geringe Mengen zulegen, denn das Aroma verflüchtigt sich allzu rasch.

Cayennepfeffer verleiht dem pikanten Backwerk eine intensive Schärfe, deshalb vorsichtig dosieren. Er wird aus gemahlenen roten Chilischoten hergestellt und ist besonders reich an dem Scharfmacher Capsaicin. **Ingwer** verleiht asiatischen Rezepten einen scharf-würzigen Geschmack. Frischer Ingwer schmeckt am intensivsten. Von der Wurzel ein Stück abbrechen und schälen, je nach Rezept reiben oder fein würfeln. Der restliche Ingwer hält sich im Kühlschrank etwa 10 Tage, tiefgekühlt mehrere Monate. Das zarte Aroma der **Muskatnuß** kommt frisch gerieben am besten zur Geltung. **Paprika** gewinnt man aus getrocknetem Gewürzpaprika. Die Schärfe ist umso intensiver, je höher der Anteil der Samen und Trennwände im Pulver ist. Delikateß- und Edelsüß-Paprika sind milde Varianten und können großzügig verwendet werden, sie verleihen dem Belag einen rötlichen Farbton. Der Halbsüß-Paprika weist eine mittlere Schärfe auf. Rosenpaprika schmeckt sehr scharf und sollte nur sparsam dosiert werden. Der Geschmack des **Kümmels** ist leicht scharf, süßlich und sehr intensiv, er erinnert an Anis. Die Samen kommen ungemahlen auf den Belag und werden besonders gerne zum Würzen von Zwiebelkuchen verwendet. Kümmel macht die Zwiebeln leichter verdaulich, denn er lindert Blähungen. **Kreuzkümmel** hat geschmacklich nichts mit dem herkömmlichen Kümmel zu tun und kann auch nicht durch ihn ersetzt werden. Kreuzkümmel, auch Cumin genannt, schmeckt stark-würzig und leicht bitter. Das exotische Gewürz wird mit Vorliebe in fernöstlichen und orientalischen Gerichten eingesetzt. Da es einen sehr intensiven Geschmack hat, sollte es vorsichtig dosiert werden. Für den Belag von Quiche und Co. verwendet man gemahlenen Kreuzkümmel. **Safran** wird in Handarbeit aus den getrockneten Blütennarben einer Krokusart gewonnen und ist deshalb ziemlich teuer. Das gelborange bis dunkelrote Gewürz verleiht nicht nur Farbe, sondern auch einen würzig-bitteren Geschmack. Safran gibt es in kleinsten Mengen in Tütchen oder Döschen als Fäden oder Pulver zu kaufen. Die Fäden vor dem Untermischen in heißem Wasser auflösen.

Paprikapulver

Käse

Egal ob gerieben, in Scheiben geschnitten oder zerdrückt, beim Belag von Quiche, Pizza und Co. spielt der Käse eine zentrale Rolle. Er sorgt für Geschmack und Kruste. **Gouda** wird in drei Reifestufen angeboten. Der junge mit einer Reifezeit von 4 bis 7 Wochen schmeckt sahnig und mild. Der mittelalte reift 2 bis 5 Monate und ist würzig und herzhaft. Alter Gouda zeichnet sich durch einen pikanten kräftigen Geschmack aus. Zum Reiben eignet sich nur der mittelalte und alte Gouda, der junge ist noch zu weich. Er läßt sich nur reiben, wenn er vorher kurz ins Gefrierfach gelegt wird. **Emmentaler,** der Hartkäse mit den berühmten Löchern, läßt sich bestens reiben. Der Schweizer Emmentaler ist aromatischer als die Variante aus dem Allgäu. Nach dem Erhitzen zieht der Emmentaler Fäden. Weitere Hartkäse sind Bergkäse und Appenzeller. Beide schmecken kräftiger als der Emmentaler. **Fetakäse** ist ein sogenannter Weißkäse mit leicht säuerlichem Geschmack und stammt ursprünglich aus Griechenland. Er reift in einer Salzlake und bekommt so seinen Geschmack. Der Feta, der bei uns im Handel ist, besteht meist aus einer Mischung von Kuh- und Schafmilch. Feta läßt sich nicht reiben, sondern nur zerbröckeln. **Gorgonzola,** der cremige Blauschimmelkäse hat seinen Ursprung in der Lombardei. Er schmeckt kräftig scharf-pikant. Mit einem Fettgehalt von fast 50 Prozent ist Gorgonzola äußerst gehaltvoll. Er schmilzt sehr gut und eignet sich für einen cremigen Belag, kombiniert mit Gemüse, Birnen oder Nüssen. **Roquefort** ist die französische Blauschimmel-Käsespezialität. Der **Greyerzer** stammt ursprünglich aus der Schweiz, wird aber auch in Frankreich hergestellt und kommt dann mit der Bezeichnung **Gruyère** oder **Comté** in den Handel. Der Greyerzer ähnelt dem Emmentaler, hat jedoch einen viel intensiveren Geschmack sowie weniger und kleinere Löcher. Mozzarella ist der König der italienischen Pizza. Er schmilzt schnell und bräunt leicht. **Mozzarella** ist ein Frischkäse und wurde ursprünglich aus Büffelkuhmilch hergestellt. In italienischen Geschäften oder im Feinkosthandel bekommt man den echten Mozzarella aus Büffelmilch. Der Mozzarella in unseren Supermärkten ist jedoch meist aus Kuhmilch gemacht, er wird als Rolle, in großen oder kleinen Kugeln angeboten und er hat kein ausgeprägtes Aroma. Parmesan, der würzige Hartkäse aus Italien, wird aus Kuhmilch hergestellt. Der echte reift mindestens 18 Monate, man erkennt ihn am Aufdruck »Parmigiano Reggiano«. **Parmesan** läßt sich gut erhitzen, er zieht auch nach dem Überbacken keine Fäden. Ähnliche Eigenschaften hat der **Pecorino,** ein italienischer Hartkäse aus Schafsmilch. **Ricotta** ist ein quarkähnlicher Käse aus Italien, hergestellt aus Kuh- oder Schafmolke. Sein Fettgehalt ist mit 20 Prozent recht niedrig. Man kann ihn abgepackt in Feinkostabteilungen von Supermärkten oder Delikateßgeschäften kaufen. Wer keinen bekommt, ersetzt ihn durch Speisequark, der in einem Tuch gut ausgedrückt wird.

Reiben Sie den Käse stets frisch, dann ist das Aroma am intensivsten. Praktisch sind spezielle Käsereiben oder der entsprechende Einsatz der Küchenmaschine. Fertig geriebener Käse, manchmal auch als Pizza-Käse im Handel, ist zwar sehr zeitsparend, der Geschmack läßt jedoch meist zu wünschen übrig.

Roquefort

Sahne, Schmand und Co.

Sahne und sämtliche Produkte, die aus ihr hergestellt werden, sorgen für die cremige Verbindung der Zutaten des Belags von Quiche und Co. und sind ein wichtiger Aromaträger. Folgende Sahneprodukte bekommen durch Milchsäurebakterien einen milden, leicht säuerlichen Geschmack, sie unterscheiden sich im Fettgehalt: **Saure Sahne,** auch Sauerrahm genannt, kommt auf einen Fettgehalt von 10 %, **Schmand** enthält 24 % Fett, **Crème fraîche** 30 % und **Crème double** 40 %. **Mascarpone** ist ein cremiger Doppelrahmfrischkäse aus Italien, hergestellt aus Kuhmilch. Der milde Käse besteht fast zur Hälfte aus Fett. Als Ersatz können Sie den herkömlichen Doppelrahmfrischkäse verwenden und cremig rühren. Schichtkäse ist ein grobkörniger Quark, die mittlere Schicht ist besonders sahnehaltig.

Wer Kalorien sparen will, kann die fetthaltigen Produkte wie Schmand und Crème fraîche ganz oder zum Teil durch saure Sahne ersetzen.

Eier

Sie sind das Bindemittel im Teig und im Belag. Die Rezepte in diesem Buch werden mit Eiern der Größe M zubereitet. Diese entsprechen der früheren Gewichtsklasse 3 und wiegen 60–65 g. Falls Sie sehr große Eier gekauft haben, nehmen Sie entsprechend weniger. Wer Eiern von Hühnern aus Freilandhaltung den Vorzug gibt, unterstützt damit den Tierschutz und bekommt Eier mit gutem Geschmack.

Verwenden Sie nur frische Eier und achten Sie auf das Haltbarkeitsdatum. Zur Aufbewahrung gehören Eier in den Kühlschrank.

Fette

Butter zählt zu den wichtigsten Backfetten und gibt dem Teig ein gutes Aroma. Achten Sie genau auf die Angaben im Rezept, ob die Butter kalt oder zimmerwarm sein soll, denn dies ist für das weitere Gelingen des Teigs wichtig. Völlig ungeeignet zum Backen ist Halbfett-Butter, denn sie enthält zuviel Wasser. Für manche Teige, zum Beträufeln des Belags oder Bestreichen des Teigrands wird in den Rezepten Öl angegeben. Dieses muß auf jeden Fall gut erhitzbar sein. Für mediterrane Rezepte ist Olivenöl ideal. Es sollte kaltgepreßt sein, aber Sie können zum Backen auf eine preiswerte Qualität zurückgreifen. Eher neutral schmecken Maiskeim-, Sonnenblumen- oder Traubenkernöl.

Wer einen erhöhten Cholesterinspiegel hat und tierische Fette wie Butter reduzieren soll, für den ist der Quark-Öl-Teig und Hefeteig mit Öl (siehe Seite 16) ideal.

VEGETARISCH

Zutaten für 4–6 Personen:

Für den Mürbeteig:
250 g Mehl
1 Ei
Salz
5–6 EL Milch
125 g Butter
Für den Belag:
Salz
1 mittelgroßer Zucchino
100 g Stangensellerie
3 Frühlingszwiebeln
2 mittelgroße Möhren
200 g Greyerzer
200 g Sahne
4 Eier
frisch geriebene Muskatnuß
weißer Pfeffer
1 Bund Schnittlauch
Kerbelblättchen zum Garnieren
Mehl für die Arbeitsfläche
Und: 10–12 Tartelettförmchen von 10 cm ø

Zubereitungszeit: 1 Std. (+ 30 Min. Backzeit)
Bei 6 Personen pro Portion etwa: 2560 kJ / 610 kcal
21 g EW / 41 g F / 41 g KH

Gelingt leicht

Kleine Gemüsequiches

1 Das Mehl auf die Arbeitsfläche sieben und in die Mitte eine Mulde drücken. Das Ei, 2 Prisen Salz und die Milch hineingeben. Die Butter in kleinen Flöckchen auf dem Rand verteilen und alles mit einem großen Messer bröselig hacken. Alle Zutaten zu einem glatten Teig verkneten. Zu einer Kugel formen, in Klarsichtfolie einschlagen und 45 Min. kühl stellen.

2 Inzwischen in einem breiten Topf reichlich Salzwasser zum Kochen bringen. Zucchino, Sellerie und Frühlingszwiebeln putzen, die Möhren schälen. Das Gemüse waschen und in kleine Würfelchen schneiden, die Frühlingszwiebeln in Ringe teilen oder der Länge nach achteln. Eine Schüssel mit eiskaltem Wasser (ideal mit Eiswürfeln) vorbereiten. Das Gemüse im kochenden Wasser 2 Min. blanchieren, dann mit einem Schaumlöffel herausheben und im Eiswasser abschrecken. Anschließend in einem Sieb gut abtropfen lassen.

3 Den Teig nochmals gut durchkneten und auf wenig Mehl dünn ausrollen. Die Förmchen damit auskleiden, überstehenden Teig abschneiden, den Teigboden mit einer Gabel mehrmals einstechen. Den Backofen auf 200° vorheizen.

4 Den Käse reiben. Die Sahne mit den Eiern und dem Käse verquirlen. Den Guß pikant mit Muskat, Salz und Pfeffer abschmecken. Den Schnittlauch abspülen, trockenschütteln, kleinschneiden und unter den Guß mischen.

5 Das Gemüse in den Förmchen verteilen und mit dem Eierguß begießen. Im Ofen (unten, Umluft 180°) 30 Min. backen. Vor dem Servieren 10 Min. ruhen lassen. Mit Kerbelblättchen garnieren.

Tips: Sie können die Gemüsefüllung ganz nach Belieben variieren. Verwenden Sie beispielsweise auch einmal kleine Blumenkohl- oder Broccoliröschen, Fenchel, Kohlrabi, Rosenkohl, Lauch oder kleine Paprikawürfel.

Sie können die Quiche auch in einer großen Form backen.

Zutaten für 4–6 Personen:

Für den Quark-Öl-Teig:
100 g Magerquark
1/2 TL Salz
2 EL Olivenöl
1 Ei
1 Eigelb
200 g Mehl
1 1/2 TL Backpulver
Für den Belag:
600 g Spinat (ersatzweise 300 g tiefgekühlter Blattspinat)
2 Schalotten
3 Knoblauchzehen
1 EL Butter
3 EL Olivenöl
Salz · Pfeffer
frisch geriebene Muskatnuß
125 g Mozzarella
8–12 frische Wachteleier
Öl für das Blech
Mehl für die Arbeitsfläche

Zubereitungszeit: 50 Min. (+ 20 Min. Backzeit)
Bei 6 Personen pro Portion etwa: 1540 kJ / 370 kcal
17 g EW / 19 g F / 32 g KH

Für Gäste

Kleine Spinatpizzen mit Ei

1 Den Quark in einem Tuch auspressen. Dann mit Salz, Öl, Ei und Eigelb verrühren. Das Mehl mit dem Backpulver dazusieben, alles zu einem glatten Teig verarbeiten und zugedeckt 30 Min. kühl stellen.

2 Den Spinat verlesen und waschen. Tropfnaß bei schwacher Hitze in einem Topf zusammenfallen lassen. Flüssigkeit ausdrücken, Spinat fein hacken. Schalotten und Knoblauch schälen und klein würfeln.

3 Die Butter mit 1 EL Öl erhitzen, die Zwiebeln und den Knoblauch darin andünsten. Den Spinat dazugeben, mit Salz, Pfeffer und Muskat würzen. Alles gut vermischen und abkühlen lassen.

4 Mozzarella würfeln. Backofen auf 200° (Umluft 180°) vorheizen. Backblech fetten. Den Teig auf wenig Mehl durchkneten, in 8–12 Stücke teilen. Daraus kleine Pizzen formen und auf das gefettete Blech legen, die Ränder etwas hochdrücken. Spinat und Mozzarella auf den Pizzen verteilen. In die Mitte eine Vertiefung drücken und jeweils 1 Wachtelei hineinschlagen. Mit dem restlichen Öl beträufeln und im Ofen (Mitte) 20 Min. backen.

Kleine Tomatenpizzen mit Ricotta

1 Das Mehl in eine Schüssel sieben. Die Hefe in 1/8 l lauwarmem Wasser verrühren. Mit dem Zucker, Salz und Öl zum Mehl geben. Alles mit den Knethaken des Handrührgerätes zu einem glatten Teig verkneten. Zugedeckt an einem warmen Ort 1 Std. gehen lassen.

2 Stielansätze der Tomaten entfernen. Tomaten kurz überbrühen, häuten, halbieren und entkernen. Dann klein würfeln und abtropfen lassen. 1 Bund Basilikum und den Ricotta fein hacken, beides mit den Tomaten vermischen und leicht salzen. Die Oliven entsteinen und kleinschneiden. Den Backofen auf 200° vorheizen. Backblech fetten.

3 Auf einer bemehlten Arbeitsfläche den Teig zu einer Rolle formen und in 16–18 Scheiben schneiden. Daraus kleine Pizzen ausrollen, dabei die Ränder etwas hochdrücken, auf das Blech legen. Tomatenmischung und Oliven darauf verteilen. Mit Pfeffer würzen und mit dem Olivenöl beträufeln. Im Ofen (Mitte, Umluft 180°) 25 Min. backen. Mit dem übrigen Basilikum garniert servieren.

Zutaten für 8 Personen:

Für den Hefeteig:
400 g Mehl
1 Würfel Hefe (42 g)
je 1/2 TL Zucker und Salz
100 ml Olivenöl
Für den Belag:
600 g Tomaten · 2 Bund Basilikum
300 g Ricotta (feste Sorte)
100 g schwarze Oliven
Pfeffer · 8 EL Olivenöl
Mehl für die Arbeitsfläche
Öl für das Blech

Zubereitungszeit: 1 Std. (+ 25 Min. Backzeit)
Pro Portion etwa: 1910 kJ / 455 kcal
12 g EW / 26 g F / 45 g KH

Für die große Runde

Zutaten für 4–6 Personen:

Für den Hefeteig:
250 g Mehl
1/2 Würfel Hefe (20 g)
1/8 l lauwarme Milch
2 Prisen Zucker
50 g weiche Butter
Salz
Für den Belag:
Salz
600 g Broccoli
80 g Pinienkerne
200 g Sahne
4 Eier
150 g Greyerzer
frisch geriebene Muskatnuß
weißer Peffer
Butter für die Förmchen
Und: 8–12 feuerfeste Förmchen von 10 cm ø

Zubereitungszeit: 50 Min. (+ 30 Min. Backzeit)
Bei 6 Personen pro Portion etwa: 2035 kJ / 485 kcal
26 g EW / 23 g F / 43 g KH

Für die große Runde

Kleine Quiches mit Broccoli

1 Das Mehl in eine Schüssel sieben. In die Mitte eine Mulde drücken. Die Hefe hineinbröckeln und mit 4 EL Milch, Zucker und etwas Mehl verrühren. Den Vorteig zugedeckt 15 Min. ruhen lassen. Danach mit dem übrigen Mehl, der restlichen Milch, Butter und 2 Prisen Salz vermischen. Alles mit den Knethaken des Handrührgerätes verrühren und den Teig an einem warmen Ort 45 Min. gehen lassen.

2 Reichlich Salzwasser zum Kochen bringen. Den Broccoli waschen, putzen und in kleine Röschen teilen. Dann 5 Min. blanchieren, kalt abschrecken und abtropfen lassen.

3 Die Pinienkerne ohne Fett hellbraun anrösten. Die Sahne mit den Eiern verquirlen, den Käse raspeln und unterrühren. Mit Muskat, Pfeffer und etwas Salz pikant würzen. Den Backofen auf 200° vorheizen.

4 Den Teig nochmals durchkneten, dünn ausrollen und die gebutterten Förmchen damit auskleiden. Broccoli und Pinienkerne darin verteilen und mit der Eiersahne begießen. Im Ofen (Mitte, Umluft 180°) 30 Min. backen.

Möhren-Lauch-Tarte

1 Das Mehl auf die Arbeitsfläche geben, eine Mulde formen. Ei und Salz hineingeben. Butter in Flöckchen am Rand verteilen. Mit einem Messer durchhacken, dann rasch verkneten. Zu einer Kugel formen und zugedeckt mindestens 30 Min. im Kühlschrank ruhen lassen.

2 Inzwischen die Möhren schälen und in dünne Scheiben hobeln. Den Lauch putzen, waschen und schräg in schmale Ringe schneiden. In kochendem Salzwasser die Möhren 4 Min. und die Lauchringe 1 Min. blanchieren, eiskalt abschrecken und gut abtropfen lassen.

3 Den Backofen auf 200° vorheizen. Den Teig auf wenig Mehl rund ausrollen, in die Form legen und einen Rand von 3 cm formen.

4 Möhren mit Lauch mischen, mit Salz, Pfeffer und Cayennepfeffer würzen und auf dem Teig verteilen. Die Sahne mit den Eiern verrühren, würzen und darüber gießen, mit den Pinienkernen bestreuen. Die Tarte im heißen Backofen (Mitte, Umluft 180°) 30 Min. backen.

Zutaten für 4 Personen:

Für den Mürbeteig:
200 g Mehl
1 Ei · 1 Prise Salz
100 g kalte Butter
Für den Belag:
500 g Möhren · 250 g Lauch
Salz · Pfeffer
1 Prise Cayennepfeffer
200 g Sahne · 3 Eier
2 EL Pinienkerne
Mehl für die Arbeitsfläche
Und: 1 feuerfeste Form von 26 cm ø

Zubereitungszeit: 50 Min. (+ 30 Min. Backzeit)
Pro Portion etwa: 2660 kJ / 635 kcal
14 g EW / 40 g F / 56 g KH

Gelingt leicht

Zucchiniquiche mit Kräutersauce

Zutaten für 4 Personen:

Für die Quiche:
800 g junge Zucchini
1 große Zwiebel
4 Knoblauchzehen
5 Platten Tiefkühl-Blätterteig (300 g)
4 EL Olivenöl
1/2 TL getrockneter Oregano
schwarzer Pfeffer · Salz
1/8 l Milch · 4 Eier
100 g frisch geriebener Greyerzer
frisch geriebene Muskatnuß
Cayennepfeffer
Für die Sauce:
1 Bund gemischte Kräuter (Basilikum, Dill, Petersilie, Schnittlauch)
200 g Joghurt
1 TL Zitronensaft
1 Prise Zucker
Pfeffer · Salz · Cayennepfeffer
1 Knoblauchzehe
Mehl für die Arbeitsfläche
Und: 1 feuerfeste Form von 28 cm ø

Zubereitungszeit: 35 Min.
(+ 45 Min. Backzeit)
Pro Portion etwa:
3080 kJ / 735 kcal
24 g EW / 51 g F / 47 g KH

Preiswert

1 Die Zucchini waschen, putzen und in dünne Scheiben schneiden. Die Zwiebel und den Knoblauch schälen und in kleine Würfel schneiden. Die Blätterteigplatten auftauen lassen.

2 Das Öl erhitzen, die Zwiebel und den Knoblauch darin andünsten, dann mit einem Schaumlöffel aus der Pfanne nehmen. In dem verbliebenen Bratfett die Zucchinischeiben anbraten, mit Oregano, Pfeffer und etwas Salz würzen.

3 Für den Guß die Milch mit den Eiern und dem Käse verquirlen. Mit Muskat, Cayennepfeffer und etwas Salz würzen.

4 Den Backofen auf 200° vorheizen. Die Form kalt ausspülen, nicht abtrocknen. Den Blätterteig auf wenig Mehl so nebeneinander legen, daß die Ränder leicht überlappen. In Formgröße ausrollen, hineinlegen und einen Rand von 3 cm hochziehen. Den Teig mit einer Gabel mehrmals einstechen.

5 Die Zucchini mit der Zwiebel und dem Knoblauch auf dem Teig verteilen. Den Guß darüber gießen. Die Quiche im Ofen (Mitte, Umluft 180°) 45 Min. backen.

6 Für die Joghurtsauce die Kräuter abspülen, die Blättchen fein hacken. Den Joghurt mit Zitronensaft, Zucker, Pfeffer, Salz und 1 Prise Cayennepfeffer abschmecken. Den Knoblauch schälen und dazupressen. Die Kräuter untermischen und die Sauce zur Quiche servieren.

Zutaten für 4–6 Personen:

Für den Mürbeteig:
350 g Mehl
1 Ei · 1 Eigelb
Salz
3 EL Milch
150 g Butter
Für den Belag:
600 g Magerquark
150 g Sahne
3 Eier
1 EL Zitronensaft
Pfeffer · Cayennepfeffer · Salz
3 Knoblauchzehen
180–200 g Kirschtomaten
je 1/2 Bund Schnittlauch, Petersilie, Kerbel und etwas Basilikum
Mehl für die Arbeitsfläche
Pergamentpapier und Hülsenfrüchte zum Blindbacken
Und: 1 feuerfeste Form von 26 cm ø

Zubereitungszeit: 55 Min. (+ 1 Std. 10 Min. Backzeit)
Bei 6 Personen pro Portion etwa: 2665 kJ / 635 kcal
23 g EW / 37 g F / 57 g KH

Für Gäste

Quarkquiche mit Kirschtomaten

1 Das Mehl auf eine Arbeitsfläche sieben und in die Mitte eine Mulde drücken. Das Ei, das Eigelb, 1 kräftige Prise Salz und die Milch hineingeben. Die Butter in kleinen Flöckchen auf dem Rand verteilen und alles mit einem großen Messer bröselig hacken. Alle Zutaten zu einem glatten Teig verkneten und auf wenig Mehl in Formgröße ausrollen. Den Teig in die Form legen, dabei einen Rand von 3 cm hochziehen. Eventuell den Rand mit kleinen Teigkügelchen verzieren. Teig 45 Min. kühl stellen.

2 Inzwischen den Quark mit der Sahne und den Eiern verrühren. Mit Zitronensaft, Pfeffer, Cayennepfeffer und Salz pikant abschmecken. Den Knoblauch schälen und dazudrücken. Die Kirschtomaten und die Kräuter abspülen, die Kräuter (ohne Basilikum) fein hacken und unter den Quark mischen. Den Backofen auf 200° (Umluft 180°) vorheizen.

3 Den Teigboden mit einer Gabel mehrmals einstechen, mit Pergament und Hülsenfrüchten belegen und im heißen Ofen (Mitte) 10 Min. blind backen. Danach die Quarkmasse gleichmäßig auf dem Teig verstreichen. Die Kirschtomaten kreisförmig leicht in den Quark drücken. Die Quiche 1 Std. backen. Wird die Oberfläche zu braun, zwischendurch mit Alufolie abdecken. Die fertige Quiche noch 15 Min. ruhen lassen und mit Basilikumblättchen garniert servieren.

Zutaten für 4–6 Personen:

Für den Quarkteig:
150 g Mehl
150 g Butter
150 g Magerquark
Salz
Pfeffer
Für den Belag:
1 kg Kohlrabi
Salz
100 g Magerquark
150 g Crème fraîche
2 Eier
80 g frisch geriebener Parmesan
1 Bund Schnittlauch
Pfeffer
2 EL gehackte Mandeln
Fett für die Form
Mehl für die Arbeitsfläche
Und: 1 feuerfeste Form von 26 cm ø

Zubereitungszeit: 50 Min. (+ 40 Min. Backzeit)
Bei 6 Personen pro Portion etwa: 2235 kJ / 535 kcal
17 g EW / 41 g F / 28 g KH

Schmeckt auch kalt

Kohlrabitarte mit Parmesan und Mandeln

1 Das Mehl in eine Schüssel füllen. Die Butter kleinschneiden und mit dem Quark dazugeben. Mit Salz und Pfeffer würzen, mit den Knethaken des Handrührgeräts zu einem geschmeidigen Teig verarbeiten und zugedeckt 30 Min. kühl stellen.

2 Von den Kohlrabi die zarten Blättchen abschneiden und beiseite legen. Die Kohlrabi schälen und in dünne Scheiben hobeln. In kochendem Salzwasser 5 Min. blanchieren und in einem Sieb sehr gut abtropfen lassen.

3 Den Magerquark mit der Crème fraîche, den Eiern und dem Parmesan verrühren. Den Schnittlauch waschen, in feine Röllchen schneiden. Die Kohlrabiblättchen (bis auf einige zum Garnieren) waschen und fein hacken. Mit dem Schnittlauch zum Quark geben, gut verrühren und mit Salz und Pfeffer kräftig würzen.

4 Den Backofen auf 200° vorheizen. Die Form fetten. Den Teig auf wenig Mehl ausrollen, in die Form legen und mit den Daumen einen Rand von 3 cm hochdrücken. Die Kohlrabischeiben dachziegelartig auf den Teigboden legen. Die Quarkmischung gleichmäßig darauf gießen.

5 Die Mandeln auf die Tarte streuen. Die Tarte im Backofen (Mitte, Umluft 180°) 40 Min. backen. Mit den übrigen Kohlrabiblättchen garniert servieren.

Dazu schmeckt am besten ein leichter Weißwein, z.B. ein Galestro.

Zutaten für 4 Personen:

Für den Quark-Öl-Teig:
150 g Magerquark
6 EL Sonnenblumenöl
250 g Mehl
1 TL Backpulver
Salz
Für den Belag:
800 g Tomaten
2 Knoblauchzehen
4 EL Olivenöl
1 TL getrockneter Oregano
80 g schwarze Oliven
je 1 kleine rote und gelbe Paprikaschote
8 Artischockenherzen aus dem Glas
Salz · schwarzer Pfeffer
50 g frisch geriebener Pecorino
Mehl für die Arbeitsfläche
Fett für das Blech
Majoranblättchen zum Garnieren

Zubereitungszeit: 50 Min. (+ 20–25 Min. Backzeit)
Pro Portion etwa:
2760 kJ / 660 kcal
24 g EW / 29 g F / 82 g KH

Gelingt leicht

Artischockenpizza

1 Den Quark in ein Tuch geben und auspressen. Dann mit 6–8 EL Wasser und dem Öl gut verrühren. Das Mehl mit dem Backpulver und 1 Prise Salz vermischen, mit der Quarkmasse zu einem glatten Teig verkneten und zugedeckt im Kühlschrank 30 Min. ruhen lassen.

2 Inzwischen Stielansätze der Tomaten entfernen. Tomaten kurz überbrühen, häuten und vierteln. Tomaten dann würfeln und entkernen, den Knoblauch schälen und fein hacken. 2 EL Öl in einem Topf erhitzen, den Knoblauch darin glasig dünsten. Die Tomaten und den Oregano hinzufügen und die Sauce bei mittlerer Hitze 2 Min. köcheln lassen.

3 Die Oliven entsteinen. Die Paprikaschoten waschen, halbieren, putzen und klein würfeln. Die Artischockenherzen abtropfen lassen und vierteln. Diese Zutaten mit dem restlichen Olivenöl vermischen, mit Salz und Pfeffer würzen.

4 Den Backofen auf 220° vorheizen. Das Backblech fetten. Den Teig auf wenig Mehl rechteckig oder oval ausrollen, auf das Blech legen. Dabei den Rand etwas dicker formen.

5 Die Tomatensauce auf den Teig geben. Paprika, Oliven und Artischocken darauf verteilen. Mit dem Pecorino bestreuen. Die Pizza im Backofen (Mitte, Umluft 200°) 20–25 Min. backen. Mit Majoranblättchen garniert servieren.

Dazu schmeckt ein milder Rotwein, z. B. ein Cabernet Sauvignon.

Das besondere Rezept !

Sie erwarten viele Gäste, möchten aber nicht den ganzen Abend in der Küche stehen? Dann liegen Sie mit der Auberginenpizza genau richtig. Sie können ganz einfach die doppelte Menge zubereiten, außerdem läßt sie sich wunderbar so weit vorbereiten, daß Sie am Abend nur noch den Teig belegen und in den Ofen schieben müssen. Den Hefeteig morgens oder sogar am Vorabend zubereiten und im Kühlschrank gehen lassen. Bei dieser Methode (Kaltgehen) vergrößert sich das Volumen der Teiges langsamer, und er wird besonders fein. Die Auberginen können Sie ebenfalls schon am Vorabend braten. Dazu paßt eine große Schüssel gemischter Salat, danach ein einfaches Dessert, zum Beispiel Eis mit frischen Früchten der Saison.

Zutaten für 6–8 Personen:

Für den Hefeteig:
400 g Mehl
1 Würfel Hefe (42 g)
1 TL Zucker
Salz
4 EL Olivenöl
Für den Belag:
4–5 Auberginen (etwa 1,3 kg)
Salz
1 große Dose geschälte Tomaten (800 g Inhalt)
5 Knoblauchzehen
etwa 100 ml Olivenöl
200 g schwarze Oliven
schwarzer Pfeffer
je 1 TL getrockneter Thymian, Oregano und Rosmarin
250 g Mozzarella
Öl für das Blech
eventuell Salbeiblüten zum Garnieren

Zubereitungszeit: 1 1/2 Std. (+ 35–40 Min. Backzeit)
Bei 8 Personen pro Portion etwa: 2185 kJ / 520 kcal
17 g EW / 27 g F / 56 g KH

Für die große Runde

Auberginenpizza

1 Das Mehl in eine Schüssel sieben, in die Mitte eine Mulde drükken. Die Hefe zerkrümeln, in 1/8 l lauwarmem Wasser auflösen, in die Mulde geben. Den Zucker, 1/2 TL Salz und das Öl auf dem Rand verteilen und alles mit den Knethaken des Handrührgerätes zu einem glatten Teig verkneten. An einem warmen Ort 1 Std. gehen lassen.

2 Die Auberginen waschen, von den Stielansätzen befreien und in 1 1/2 cm große Würfel schneiden. Die Würfel salzen, durchmischen und 30 Min. auf ein Küchentuch legen, damit genügend Fruchtwasser austreten kann. Anschließend kurz abspülen und mit Küchenpapier gründlich trockentupfen. Die Tomaten in einem groben Sieb abtropfen lassen. Den Knoblauch schälen und fein hacken.

3 In einer großen Pfanne portionsweise Olivenöl erhitzen und die Auberginenwürfel darin nach und nach anbraten. Anschließend wieder auf Küchenpapier legen und abtropfen lassen.

4 Das Blech dünn mit Öl ausstreichen. Den Backofen auf 200° vorheizen. Den Teig nochmals durchkneten, auf dem Blech ausrollen und die Ränder etwas hochdrücken. Oder kleine Pizzen formen. Den Teigboden mit einer Gabel mehrmals einstechen. Die Tomaten mit einer Gabel zerdrücken und auf dem Teig verteilen. Den Knoblauch darüber streuen. Mit den Auberginenwürfeln belegen, die Oliven dazwischen verteilen und alles kräftig mit Pfeffer, Thymian, Oregano und Rosmarin würzen. Den Mozzarella in kleine Würfel schneiden und auf der Pizza verteilen.

5 Die Pizza im heißen Ofen (Mitte, Umluft 180°) in 35–40 Min. goldbraun backen. Mit Salbeiblüten garniert servieren.

Sommerliche Gemüsequiche

Zutaten für 4 Personen:

Für den Quark-Öl-Teig:
125 g Speisequark
4 EL Milch
1 Ei
4 EL Sonnenblumenöl
1 TL Salz
250 g Mehl
1 Päckchen Backpulver
Für den Belag:
150 g Zuckerschoten
250 g grüner Spargel
250 g junge Möhren
1 Bund Frühlingszwiebeln
3 EL Olivenöl
1 kleiner Zweig frischer Rosmarin
Salz · 1 Prise Zucker
150 g Mascarpone
1 EL Zitronensaft
2 Eier
Salz
weißer Pfeffer
Fett für die Form
Mehl für die Arbeitsfläche
Und: 1 feuerfeste Form von 30 cm ø

Zubereitungszeit: 50 Min. (+ 35 Min. Backzeit)
Pro Portion etwa:
2055 kJ / 490 kcal
23 g EW / 38 g F / 18 g KH

Schmeckt auch kalt

Dazu paßt Mineralwasser oder ein leichter trockener Weißwein, z. B. ein Galestro.

1 Den Quark in ein Tuch geben und auspressen. Dann mit Milch, Ei, Öl und Salz verrühren. Das Mehl mit dem Backpulver mischen. Die Hälfte des Mehls nach und nach unter die Quarkmasse rühren. Das restliche Mehl unterkneten. Den Teig mit einem Tuch bedecken und im Kühlschrank 30 Min. ruhen lassen.

2 Inzwischen die Zuckerschoten waschen, wenn nötig, entfädeln und halbieren. Den Spargel am unteren Ende schälen. Holzige Enden abschneiden. Spargel in 5 cm große Stücke schneiden. Die Möhren waschen, schälen und in 1 cm lange, leicht schräge Scheiben schneiden. Frühlingszwiebeln putzen, waschen und mit dem hellen Grün in Streifen schneiden.

3 Das Olivenöl in einem breiten Topf erhitzen. Das Gemüse darin unter Rühren andünsten. Den Rosmarinzweig dazugeben, alles bei mittlerer Hitze zugedeckt 10 Min. dünsten. Mit Salz und Zucker abschmecken.

4 Den Backofen auf 200° vorheizen. Die Form fetten. Für die Creme den Mascarpone mit dem Zitronensaft und den Eiern verrühren. Mit Salz und Pfeffer abschmecken.

5 Den Teig auf wenig Mehl rund ausrollen, in die Form geben, dabei den Rand etwas dicker formen. Das Gemüse darauf verteilen. Den Rosmarinzweig entfernen. Die Sauce darüber gießen. Die Quiche im heißen Ofen (unten, Umluft 175°) 35 Min. backen.

Tips: Im Sommer ist das Gemüseangebot besonders groß, deshalb können Sie diese Quiche mit vielen unterschiedlichen Sorten zubereiten. Außer Zuckerschoten, Spargel und Möhren schmecken grüne Bohnen, zarter Lauch und Paprikaschoten, junger Wirsing oder Spitzkohl, Lauch und Spinat.

Grüne Bohnen müssen Sie 6-8 Min. in kochendem Salzwasser blanchieren, Wirsing, Spitzkohl und Spinat ebenfalls, aber nur so lange, bis sie zusammenfallen (Spinat) bzw. geschmeidig werden.

Wer eine größere Runde mit dieser Quiche bewirten möchte, kann die doppelte Menge zubereiten und die Quiche in zwei Formen oder auf dem Blech backen.

Damit das Gemüse beim Backen gar wird, dünstet man es vorher unter Rühren an.

Den Teig immer etwas größer ausrollen als die Form ist. Überstehenden Teig abschneiden.

Die Mascarponecreme mit einem Löffel auf dem Gemüse verteilen, dann verstreichen.

Der Tip vom Profi

Wundern Sie sich nicht, daß bei allen pikanten Kuchen mit Quark-Öl-Teig der Quark erst einmal ausgepreßt wird, um dann doch wieder mit Flüssigkeit vermischt zu werden. Das hat zwei Gründe: Zum einen wird er meist mit Milch zubereitet und zum anderen kann man auf diese Art die Flüssigkeitsmenge besser dosieren, denn Quark ist unterschiedlich fest.

Der Tip vom Profi

Das besondere Aroma verdankt diese Pizza dem würzigen Ziegenkäse. Je nach Herstellung, Reifung und Milchart – also, ob er aus reiner Ziegenmilch oder unter Zusatz von Kuhmilch hergestellt wurde – kann Ziegenkäse mild-aromatisch oder intensiv ausgeprägt im Geschmack sein. Poivre d'âne wird in Rosmarin und anderen Kräutern gewälzt und schmeckt relativ kräftig. Statt dessen können Sie aber auch den milderen Banon oder jungen Crottin de Chavignol nehmen. In jedem Fall sollten Sie den Käse in einem gut sortierten Käseladen oder an der Käsetheke eines großes Warenhauses kaufen.

Zutaten für 4–6 Personen:

Für den Quark-Öl-Teig:
150 g Magerquark
4 EL Milch
6 EL Öl · Salz
300 g Mehl
2 TL Backpulver
Für den Belag:
2–3 Fenchelknollen (etwa 600 g)
Salz
3 EL Olivenöl
2 EL Butter
50 g getrocknete Tomaten in Öl
4 Knoblauchzehen
200 g Ziegenkäse (z. B. Poivre d'âne)
100 g Walnußkerne
6 frische Salbeiblätter
schwarzer Pfeffer
Mehl für die Arbeitsfläche
Öl für das Blech
eventuell Salbeiblätter zum Garnieren

Zubereitungszeit: 50 Min. (+ 30 Min. Backzeit)
Bei 6 Personen pro Portion etwa: 2420 kJ / 580 kcal
22 g EW / 33 g F / 52 g KH

Schmeckt auch kalt

Fenchelpizza mit Walnüssen und Ziegenkäse

1 Den Quark in ein Tuch geben und auspressen. Dann mit Milch, Öl und 1/2 TL Salz verrühren. Das Mehl und das Backpulver dazusieben, alles zu einem glatten Teig verkneten und zugedeckt 30 Min. kühl stellen.

2 Inzwischen den Fenchel waschen, putzen (das Grün kleinhacken und zur Seite legen) und längs in 1/2 cm dicke Scheiben schneiden. In einem breiten Topf Salzwasser aufkochen, den Fenchel darin 8 Min. blanchieren. Herausheben und in einem Sieb gut abtropfen lassen.

3 In einer Pfanne das Olivenöl und die Butter erhitzen. Die Fenchelscheiben darin von beiden Seiten goldgelb anbraten. Die Tomaten in dünne Streifen schneiden, 1–2 EL Öl aufheben. Den Knoblauch schälen und in Scheiben schneiden. Den Backofen auf 200° vorheizen.

4 Den Teig nochmals durchkneten, auf wenig Mehl zu 2 Pizzen ausrollen und die Ränder etwas hochdrücken. Auf das geölte Blech legen, mit einer Gabel mehrmals in den Teigboden stechen.

5 Den Ziegenkäse zerbröckeln und abwechselnd mit dem Fenchel auf die Pizza legen. Walnußkerne in Stücke brechen. Mit den Knoblauchscheiben, Tomatenstreifen und Salbeiblättern zwischen dem Fenchel verteilen. Mit 1–2 EL Tomatenöl beträufeln und im heißen Ofen (Mitte, Umluft 180°) 30 Min. backen. Mit Pfeffer und dem Fenchelgrün bestreut servieren.

Zutaten für 4 Personen:

Für den Hefeteig:
300 g Mehl
Salz
1/2 Würfel Hefe (20 g)
4 EL Olivenöl
Für den Belag:
2 Schalotten
1 Knoblauchzehe
200 g schwarze Oliven
2 EL Aceto Balsamico (Balsamessig)
3 EL Olivenöl
1 EL Orangenmarmelade
Salz · schwarzer Pfeffer
2 Fleischtomaten
1 eingelegte Peperoni
300 g Schafkäse
Minzeblättchen zum Garnieren
Fett für die Form
Mehl für die Arbeitsfläche
Und: 1 feuerfeste Form von 30 cm ø

Zubereitungszeit: 1 1/4 Std. (+ 25 Min. Backzeit)
Pro Portion etwa:
3010 kJ / 720 kcal
23 g EW / 44 g F / 58 g KH

Gelingt leicht

Pizza mit Schafkäse

1 Das Mehl mit 1 Prise Salz mischen. Die Hefe mit 1/8 l lauwarmem Wasser verrühren. Mit dem Öl zum Mehl geben und alles zu einem glatten Teig verkneten. Zugedeckt 1 Std. gehen lassen.

2 Inzwischen für den Belag die Schalotten schälen und klein würfeln. Knoblauch schälen. Die Oliven kleinschneiden, dabei vom Stein befreien. Die Schalotten mit den Oliven, dem Essig, 2 EL Olivenöl und der Orangenmarmelade in einen Topf geben. Den Knoblauch dazudrücken. Bei schwacher Hitze 10 Min. köcheln lassen. Ab und zu umrühren. Mit Salz und Pfeffer abschmecken.

3 Die Stielansätze der Tomaten entfernen. Die Tomaten kurz überbrühen, häuten und vierteln. Dann in 1 cm große Würfel schneiden. Die Peperoni in Scheiben schneiden. Den Schafkäse in 1 cm große Würfel schneiden.

4 Den Backofen auf 220° vorheizen. Die Backform fetten. Den Teig nochmals durchkneten und auf wenig Mehl rund ausrollen. In die Form legen. Den Rand etwas dicker formen. Eventuell aus zwei Teigsträngen – miteinander verdreht – verzieren. Die Olivenmasse auf den ausgerollten Teig geben. Die Tomatenwürfel, Schafkäsewürfel und Peperoni darauf verteilen. Mit dem übrigen Olivenöl beträufeln. Im Backofen (Mitte, Umluft 200°) 25 Min. backen. Vor dem Servieren mit Minzeblättchen garnieren.

Tip: Wer die Pizza für eine größere Runde zubereiten möchte, macht die doppelte Menge und backt die Pizza auf dem Blech.

Dazu schmeckt ein leichter Weißwein, z. B. ein Soave oder ein Rosé.

Zutaten für 4 Personen:
3 Scheiben Tiefkühl-Blätterteig (225 g)
600 g zarter Lauch
2 EL Butter
1 Knoblauchzehe
Salz
schwarzer Pfeffer
2 kleine säuerliche Äpfel
2 EL Zitronensaft
100 g Bergkäse
3 Eier
250 g Sahne
3 EL Sonnenblumenkerne
Mehl für die Arbeitsfläche
Und: 1 feuerfeste Form von 24 cm ø

Zubereitungszeit: 30 Min. (+ 30 Min. Backzeit)
Pro Portion etwa: 3160 kJ / 755 kcal
19 g EW / 55 g F / 49 g KH

Schnell

Lauch-Apfel-Quiche

1 Die Blätterteigplatten nebeneinander unter einem Tuch auftauen lassen. Inzwischen den Lauch putzen, längs aufschlitzen und gründlich waschen, dann trockenschütteln und in schmale Streifen schneiden.

2 Die Butter in einer Pfanne aufschäumen lassen, den Lauch darin andünsten. Den Knoblauch schälen und dazupressen, den Lauch mit Salz und Pfeffer würzen und bei schwacher Hitze 5 Min. garen.

3 Den Backofen auf 200° vorheizen. Die Blätterteigplatten aufeinander legen und auf wenig Mehl zu einem dünnen Kreis ausrollen. Die Form mit kaltem Wasser ausspülen, nicht abtrocknen, mit dem Teig auslegen. Überstehenden Teig abschneiden.

4 Die Äpfel vierteln, schälen oder waschen und entkernen, die Viertel quer in Spalten schneiden und sofort mit dem Zitronensaft beträufeln. Mit dem Lauch mischen und auf dem Blätterteig verteilen.

5 Den Bergkäse reiben, mit den Eiern und der Sahne verquirlen und über den Lauch träufeln. Die Sonnenblumenkerne aufstreuen und die Quiche im Ofen (Mitte, Umluft 180°) 30 Min. backen.

Tip: Wenn Sie auf Fleisch nicht ganz verzichten möchten: 100 g gekochten Schinken in kleine Würfel schneiden und mit dem Lauch mischen.

Dazu schmeckt ein kühles Bier oder Cidre.

Birnentarte mit Gorgonzola

Zutaten für 2–4 Personen:

Für den Mürbeteig:
- 80 g Weizenmehl Type 405
- 40 g Weizenvollkornmehl
- 1 TL Salz
- 80 g kalte Butter

Für den Belag:
- 150 g Gorgonzola
- 2 Eier
- 200 ml Milch
- schwarzer Pfeffer
- 1 Bund Schnittlauch
- 3 Birnen
- 2 EL Zitronensaft
- 2 EL Pinienkerne

Und: 1 feuerfeste Form von 22 cm ø

Zubereitungszeit: 50 Min.
(+ 30 Min. Backzeit)
Bei 4 Personen pro Portion etwa:
2240 kJ / 535 kcal
16 g EW / 35 g F / 43 g KH

Gelingt leicht

1 Für den Teig die beiden Mehlsorten mit dem Salz mischen, auf die Arbeitsfläche geben, in der Mitte eine Mulde formen. 2–3 EL eiskaltes Wasser hineingeben. Butter in Flöckchen auf dem Rand verteilen, alles rasch verkneten. Zugedeckt mindestens 30 Min. kühl stellen.

2 Den Backofen auf 225° (Umluft 200°) vorheizen. Den Teig zwischen zwei Lagen Klarsichtfolie zu einem dünnen Kreis ausrollen, die Form auskleiden. Überstehenden Teig abschneiden, den Teigboden mit einer Gabel mehrmals einstechen. Den Teig im Ofen (Mitte) 10 Min. vorbacken.

3 Inzwischen für den Belag den Gorgonzola mit den Eiern und der Milch pürieren, mit Pfeffer würzen. Den Schnittlauch waschen und in feine Röllchen schneiden, unter die Gorgonzolacreme mischen.

4 Die Birnen schälen und halbieren, vorsichtig die Kerngehäuse entfernen. Die gewölbte Seite mit einem Messer noch drei- oder viermal ein-, aber nicht durchschneiden. Die Hälften mit Zitronensaft beträufeln und mit den Rundungen nach oben auf den Mürbeteig legen. Die Käsecreme drumherum verteilen und die Pinienkerne aufstreuen. Die Tarte im Ofen bei 200° (Umluft 180°) weitere 20 Min. backen.

Trauben-Käse-Tarte

Zutaten für 2–4 Personen:

Für den Mürbeteig:
150 g Mehl
Salz
100 g gekühlte Butter
Für den Belag:
100 g Reblochonkäse oder Bel Paese
30 g frisch geriebener Parmesan
50 g Crème fraîche
220 g blaue Trauben (oder blau und hell gemischt)
Mehl für die Arbeitsfläche
Und: 1 feuerfeste Form von 20 cm ø

Zubereitungszeit: 45 Min. (+ 25 Min. Backzeit)
Bei 4 Personen pro Portion etwa: 2215 kJ / 530 kcal
14 g EW / 35 g F / 39 g KH

Gelingt leicht

1 Das Mehl mit 1 Prise Salz auf die Arbeitsfläche geben. In der Mitte eine Mulde formen und 2 EL eiskaltes Wasser hineingeben. Die Butter in kleinen Flöckchen auf dem Rand verteilen, alles mit einem Messer durchhacken, dann rasch zu einem glatten Teig verkneten.

2 Den Teig auf wenig Mehl rund und 1/2 cm dick ausrollen und in die Form geben. Dabei einen 1 cm hohen Rand formen. Teig 30 Min. kühl stellen.

3 Inzwischen den Backofen auf 175° vorheizen. Den Reblochon entrinden und in Würfel schneiden. Parmesan mit Crème fraîche und Reblochonwürfeln mischen. Die Trauben waschen, größere Trauben halbieren.

4 Die Käsecreme auf den Teigboden geben und die Trauben darauf verteilen. Im Backofen (unten, Umluft 160°) 25 Min. backen. Vor dem Anschneiden 10 Min. ruhen lassen.

Aprikosen-Gorgonzola-Tartes

Zutaten für 3–6 Personen:

Für den Mürbeteig:
250 g Mehl
Salz · 1 Ei
100 g gekühlte Butter
Für den Belag:
100 g Gorgonzola
100 g Kräuterfrischkäse
100 g Schmand (ersatzweise Crème fraîche)
30 g gemahlene Mandeln
Salz · Zitronenpfeffer
1 Dose Aprikosen (325 ml Inhalt)
Minze zum Garnieren
Mehl für die Arbeitsfläche
Und: 6 feuerfeste Förmchen von 12 cm ø

Zubereitungszeit: 50 Min. (+ 25 Min. Backzeit)
Bei 6 Personen pro Portion etwa: 2340 kJ / 560 kcal
12 g EW / 39 g F / 41 g KH

Für Gäste

1 Das Mehl mit 1 Prise Salz auf die Arbeitsfläche geben, in der Mitte eine Mulde formen. Das Ei mit 2 EL eiskaltem Wasser hineingeben. Die Butter in Flöckchen auf dem Rand verteilen. Alles mit einem Messer durchhacken, dann zu einem glatten Teig verarbeiten.

2 Den Teig auf wenig Mehl ausrollen, die Förmchen damit belegen, dabei einen 1 cm hohen Rand formen. Den Teig zugedeckt 30 Min. kühl stellen.

3 Inzwischen den Gorgonzola in Würfel schneiden. Kräuterfrischkäse, Schmand und Gorgonzola verrühren. Die Mandeln unterheben. Mit Salz und Zitronenpfeffer abschmecken. Die Aprikosen abtropfen lassen, vierteln.

4 Den Backofen auf 175° vorheizen. Die Käsecreme gleichmäßig in die vorbereiteten Förmchen geben. Mit den Aprikosenvierteln belegen. Im Backofen (Mitte, Umluft 160°) 25 Min. backen. Vor dem Servieren mit Minzeblättchen garnieren.

Zutaten für 4 Personen:
Für den Mürbeteig:
200 g Mehl
50 g gemahlene Walnüsse
Salz
1 Eigelb
100 g Butter
Für den Belag:
2 Eiweiße
Salz
60 g gemahlene Walnüsse
4 Zweige frischer Oregano
500 g Eiertomaten
2 EL Nußöl oder Olivenöl
2 EL Aceto Balsamico (Balsamessig)
20 g Walnußkerne
Mehl für die Arbeitsfläche
Backpapier und Hülsenfrüchte zum Blindbacken
Und: 1 feuerfeste Form von 26 cm ø

Zubereitungszeit: 45 Min. (+ 35 Min. Backzeit)
Pro Portion etwa:
2080 kJ / 500 kcal
11 g EW / 31 g F / 47 g KH

Preiswert

Tomaten-Nuß-Tarte

1 Das Mehl mit den Nüssen und Salz mischen, auf die Arbeitsfläche geben und in der Mitte eine Mulde formen. Das Eigelb hineingeben. Butter in Flöckchen auf dem Rand verteilen. Alles mit einem Messer durchhacken, dann rasch verkneten. Zu einer Kugel formen und zugedeckt mindestens 30 Min. kühl stellen.

2 Den Backofen auf 175° (Umluft 155°) vorheizen. Den Teig auf wenig Mehl rund ausrollen und in die Form legen, dabei einen 1 cm hohen Rand formen. Backpapier auf den Teig geben und mit Hülsenfrüchten belegen. Im Backofen (Mitte) 15 Min. vorbacken.

3 Inzwischen die Eiweiße mit 1 Prise Salz steif schlagen, die Nüsse unterheben. Den Oregano waschen, einige Blättchen beiseite legen. Die restlichen Blättchen fein hacken und unter die Eiweiße heben.

4 Die Tomaten waschen und in 1 cm dicke Scheiben schneiden. Mit dem Nußöl und Essig vermischen. Den Teig aus dem Ofen nehmen, Papier und Hülsenfrüchte entfernen. Die Eiweißmasse auf den etwas abgekühlten Teig geben. Mit den Tomatenscheiben belegen. Die Walnußkerne grob hacken und darüber streuen.

5 Die Tarte im noch heißen Backofen (unten) in weiteren 20 Min. fertigbacken. Mit den restlichen Oreganoblättchen garnieren.

Tip: Statt der Eiweißmasse können Sie auch 3 EL Semmelbrösel mit 1 durchgepreßten Knoblauchzehe und 2 EL geriebenem Parmesan vermischen. 2 EL Olivenöl dazurühren, mit Salz abschmecken.

Dazu schmeckt trockener Weißwein, z. B. ein Riesling.

Zutaten für 2–4 Personen:

Für den Hefeteig:
10 g frische Hefe
1 Prise Zucker
200 g Mehl
1/2 TL Salz
2 EL Olivenöl
Für den Belag:
250 g weiße Zwiebeln
100 g Pecorino
4 EL Olivenöl
1 TL getrockneter Oregano
Salz
schwarzer Pfeffer
Olivenöl für die Form
Mehl zum Ausrollen
eventuell Oreganoblättchen und -blüten zum Garnieren
Und: 1 Pizzaform von 28 cm ø

Zubereitungszeit: 20 Min. (+ 1 Std. Ruhezeit + 25 Min. Backzeit)
Bei 4 Personen pro Portion etwa: 1760 kJ / 420 kcal
17 g EW / 20 g F / 43 g KH

Gelingt leicht

Apulische Zwiebelpizza

1 Für den Teig aus Hefe, 140 ml lauwarmem Wasser, Zucker, Mehl, Salz und dem Olivenöl einen glatten, geschmeidigen Hefeteig kneten und diesen zugedeckt an einem warmen Ort 1 Std. ruhen lassen.

2 Inzwischen für den Belag die Zwiebeln schälen und in sehr feine Scheiben schneiden oder hobeln, die Scheiben in Ringe zerteilen. Den Käse reiben.

3 Den Backofen auf 225° vorheizen. Die Form mit Olivenöl fetten.

4 Den Hefeteig noch einmal durchkneten und auf der vorbereiteten Pizzaform mit bemehlten Händen gleichmäßig verteilen. Den Rand etwas dicker formen.

5 Den Teig mit etwas Olivenöl bestreichen, die Zwiebeln darauf verteilen. Den Käse, den Oregano, Salz und Pfeffer aufstreuen und das restliche Öl darüber verteilen. Die Pizza im Ofen (unten, Umluft 200°) 25 Min. backen. Falls der Käse zu schnell bräunt, mit Alufolie abdecken. Die Zwiebelpizza eventuell mit Oreganoblättchen und -blüten garnieren.

Tip: »Pizza pugliese« heißt diese Pizza in ihrer italienischen Heimat, und sie wird stets mit weißen Zwiebeln zubereitet. Die sind milder als unsere gewohnten braunen Haushaltszwiebeln, mit denen die Pizza aber ebenfalls gelingt und schmeckt.

Dazu schmeckt ein kräftiger Rotwein, z. B. ein Corvo aus Sizilien.

Zutaten für 4–6 Personen:

Für den Hefeteig:
30 g frische Hefe
1/2 TL Zucker
1 TL Salz
240 g Weizenmehl Type 405
100 g Roggenvollkornmehl
75 ml Olivenöl
Für den Belag:
je 2 kleine gelbe und rote Paprikaschoten
3 große Fleischtomaten
250 g Mozzarella
125 g grüne paprikagefüllte Oliven
Salz
schwarzer Pfeffer
3 TL getrockneter Thymian
50 ml Olivenöl
Olivenöl für das Blech
Mehl für die Arbeitsfläche

Zubereitungszeit: 1 1/4 Std. (+ 30 Min. Backzeit)
Bei 6 Personen pro Portion etwa: 2130 kJ / 510 kcal
20 g EW / 26 g F / 55 g KH

Für Gäste

Olivenkuchen

1 Für den Teig aus Hefe, 1/8 l lauwarmem Wasser, Zucker, Salz, den beiden Mehlsorten und dem Öl einen glatten, geschmeidigen Teig kneten. Zugedeckt an einem warmen Ort 1 Std. ruhen lassen.

2 Inzwischen in einem Topf Wasser zum Kochen bringen, die Paprikaschoten waschen, halbieren, putzen und in Streifen schneiden.

3 Die Stielansätze der Tomaten entfernen. Die Tomaten kurz in das kochende Wasser legen, mit einer Schaumkelle herausheben. Die Paprikastreifen in das Wasser geben und 3–4 Min. kochen lassen, dann gut abtropfen lassen. Die Tomaten häuten, entkernen und klein würfeln. Den Mozzarella in kleine Würfel schneiden.

4 Den Backofen auf 200° vorheizen. Ein Backblech mit Olivenöl bestreichen. Den Hefeteig noch einmal durchkneten, auf wenig Mehl dünn ausrollen und das Blech damit auskleiden. Einen schmalen Rand formen.

5 Die Paprikastreifen und die unzerkleinerten Oliven auf dem Teig verteilen, mit Salz, Pfeffer und Thymian würzen. Die Tomaten darüber verteilen. Mit dem Mozzarella bestreuen, mit dem Olivenöl beträufeln. Kuchen im heißen Ofen (Mitte, Umluft 180°) 30 Min. backen.

Tips: Wenn jemand in Ihrer Familie ungern auf Fleisch verzichtet, legen Sie zuerst einen Teil der Teigplatte mit dünnen Salamischeiben aus. Dann den ganzen Teig wie beschrieben mit Gemüse und Käse bedecken.

Wer möchte, kann die Pizza mit blühendem Thymian garnieren.

Ligurischer Spinatkuchen

Zutaten für 6–8 Personen:
Für den Teig:
500 g Mehl
1/2 TL Salz
2 EL Olivenöl
Für die Füllung:
300 g tiefgekühlter Blattspinat
Salz
schwarzer Pfeffer
1 EL frisch gehackter Majoran
4 Scheiben Toastbrot
100 ml Milch
8 Eier
100 g frisch geriebener Parmesan
500 g Quark
Öl für die Form
Mehl für die Arbeitsfläche
1 Eigelb zum Bestreichen
Und: 1 Springform von 28 cm ø

Zubereitungszeit: 1 3/4 Std. (+ 1 1/2 Std. Backzeit)
Bei 8 Personen pro Portion etwa: 2130 kJ / 510 kcal
28g EW / 18 g F / 61 g KH

Braucht etwas Zeit

Dazu schmeckt ein kräftiger Rotwein, z. B. ein Rosso di Montalcino.

1 Das Mehl auf die Arbeitsfläche geben, in der Mitte eine Vertiefung eindrücken. Das Salz und das Öl in diese Mulde geben. 300 ml Wasser dazugeben und alles zu einem geschmeidigen Teig verkneten. Den Teig mindestens 5 Min. lang kräftig durchkneten.

2 Den Teig in 7 Stücke teilen. Jedes Teigstück zu einem kleinen Bällchen formen und die Bällchen auf einem Brett mit einem Tuch bedeckt 1 Std. an einem warmen Ort ruhen lassen.

3 Inzwischen den Spinat in einem Topf bei schwacher Hitze unter gelegentlichem Wenden auftauen lassen. Dann gut abtropfen lassen und hacken, mit Salz, Pfeffer und Majoran würzen. Das Brot in kleine Würfel schneiden, in einer Schüssel mit der Milch beträufeln. 2 Eier verquirlen, mit 50 g Käse, dem Quark, den Brotwürfeln und dem Spinat vermengen.

4 Die Springform fetten. Jedes Teigstück auf wenig Mehl zu einem sehr dünnen runden, etwa 40 cm großen Fladen ausrollen.

5 Den Backofen auf 175° vorheizen. Einen Fladen in die Springform legen, den Rand etwas überhängen lassen. Den Teigboden dünn mit Öl bepinseln. Weitere 4 Teigfladen in die Form legen und jeweils mit Öl bestreichen.

6 Die Spinatmischung abschmecken und in die Form geben. 6 Mulden hineindrücken, diese jeweils mit 1 aufgeschlagenen rohen Ei füllen. Den restlichen Käse darüber streuen.

7 Die beiden übrigen Teigstücke zu Fladen ausrollen, mit Öl bestreichen, aufeinanderlegen und auf die Spinatfüllung legen. Die überstehenden Teigenden am Rand zu einer dicken Wulst zusammenrollen. Die Oberfläche mit einer Gabel einstechen und mit verquirltem Eigelb bestreichen.

8 Den Spinatkuchen im Ofen (auf einem Rost auf dem Boden, Umluft 160°) 1 1/2 Std. backen. Den Spinatkuchen lauwarm abkühlen lassen, dann erst den Ring der Springform ablösen.

Damit der Teig beim Backen leicht blättrig wird, wird jede Schicht mit Öl bepinselt.

In die Ricottamasse mit einem Suppenlöffel Vertiefungen drücken. Eier hineinschlagen.

Die Teigränder locker zusammenrollen. Dabei nicht drücken, sonst wird der Rand zu fest.

Der Tip vom Profi

Quiches und alle anderen pikanten Kuchen schmecken besonders gut, wenn der Teig so richtig schön knusprig ist und nicht weich und klebrig. Deshalb wird der Teig in vielen Fällen vorgebacken und dann erst mit dem saftigen Belag bedeckt. Bei manchen Kuchen ist das aber nicht möglich, weil zum Beispiel mehrere Schichten eingefüllt werden, wie auch beim Spinatkuchen. Da hilft man sich anders: Je weiter unten ein Kuchen im Ofen gebacken wird, desto knuspriger wird der Teigboden. Der Spinatkuchen wird deshalb auf dem Rost auf dem Boden des Backofens gebacken.

Zutaten für 4–6 Personen:

Für den Mürbeteig:
250 g Mehl
125 g Butter
1 Ei · Salz
Für den Belag:
je 250 g Champignons, Egerlinge und Austernpilze
1 EL Zitronensaft
1 Stange Lauch
2 Knoblauchzehen
4 Tomaten
1 Bund Petersilie
2 EL Butter
Salz · Pfeffer · Cayennepfeffer
200 g Sahne · 4 Eier
100 g Emmentaler
frisch geriebene Muskatnuß
Mehl für die Arbeitsfläche
Pergamentpapier und Hülsenfrüchte zum Blindbacken
Und: 1 feuerfeste Form von 26 cm ø

Zubereitungszeit: 1 1/4 Std. (+ 50 Min. Backzeit)
Bei 6 Personen pro Portion etwa: 2310 kJ / 555 kcal
18 g EW / 55 g F / 45 g KH

Für Gäste

Pilzquiche mit Lauch

1 Für den Mürbeteig das Mehl auf eine Arbeitsfläche sieben und in die Mitte eine Mulde drücken. Die Butter in Flöckchen, das Ei und 2 Prisen Salz dazugeben. Alles mit einem großen Messer bröselig hakken, dann rasch zu einem glatten Teig verkneten und auf wenig Mehl in Formgröße ausrollen. Den Teig in die Form legen, dabei einen Rand von etwa 3 cm hochdrücken. Teig mindestens 30 Min. kühl stellen.

2 Inzwischen die Pilze putzen, kleinschneiden und mit dem Zitronensaft vermischen. Den Lauch waschen, putzen und in Ringe schneiden. Den Knoblauch schälen und in kleine Würfel schneiden. Die Stielansätze der Tomaten entfernen. Die Tomaten kurz überbrühen, häuten und vierteln. Dann entkernen und klein würfeln. Die Petersilie waschen, trockenschütteln und fein hacken.

3 In einer großen Pfanne die Butter erhitzen. Den Lauch darin andünsten. Die Pilze und den Knoblauch hinzufügen und alles bei mittlerer Hitze 5 Min. dünsten. Mit Salz, Pfeffer und Cayennepfeffer pikant abschmecken. Die Petersilie untermischen. Den Backofen auf 200° (Umluft 180°) vorheizen.

4 Pergamentpapier in Formgröße rund ausschneiden. Auf den Teig legen und mit Hülsenfrüchten bedecken. Den Teig im Ofen (Mitte) 12–15 Min. blind backen.

5 Inzwischen für den Guß die Sahne mit den Eiern verquirlen. Den Käse reiben und untermischen. Mit Muskat, Salz und Pfeffer würzen. Das Papier mit den Hülsenfrüchten vom Teig entfernen und die Pilze mit den Tomaten auf dem Teig verteilen. Die Eiersahne darüber gießen und die Quiche in 30–35 Min. goldbraun backen.

Tips: Sie können die Quiche auch mit frischen Waldpilzen zubereiten. Hierfür müssen die Pilze etwas länger gedünstet werden, so daß die Flüssigkeit gut verdampfen kann.

Zusätzlich können auch 10 g getrocknete Pilze, z. B. Steinpilze, (vorher einweichen und dann kleinschneiden) unter die frischen Pilze gemischt werden.

Zutaten für 4 Personen:

Für den Quark-Öl-Teig:
120 g Magerquark · 4 EL Milch
4 EL Maiskeimöl
1/2 TL Salz
220 g Mehl
1 TL Backpulver
Für den Belag:
2 Stangen Lauch
200 g Staudensellerie
200 g Möhren
150 g tiefgekühlte Erbsen
2 EL Butter
1 EL frisch gehackte Petersilie
Salz · Pfeffer
3 Eier
250 g Sahne
120 g frisch geriebener Appenzeller
frisch geriebene Muskatnuß
Fett für die Form
Mehl für die Arbeitsfläche
Und: 1 feuerfeste Form von 30–32 cm ø

Zubereitungszeit: 1 Std. (+ 40 Min. Backzeit)
Pro Portion etwa: 2755 kJ / 660 kcal
26 g EW / 35 g F / 61 g KH

Schmeckt auch kalt

Schweizer Gemüsewähe

1 Den Quark in ein Tuch geben und auspressen. Dann mit Milch, Öl und Salz in eine Schüssel geben und cremig rühren. Die Hälfte des Mehls mit dem Backpulver nach und nach unterrühren. Das restliche Mehl unterkneten. Den Teig zugedeckt 30 Min. kühl stellen.

2 Inzwischen den Lauch putzen, längs halbieren und gründlich waschen. Danach quer in 1 cm breite Streifen schneiden. Staudensellerie waschen, wenn nötig von den harten Fasern befreien, dann in dünne Scheiben schneiden. Die Möhren schälen und in kleine Würfel schneiden. Die Erbsen aus der Packung nehmen und antauen lassen.

3 Die Butter in einem Topf schmelzen lassen. Lauch, Staudensellerie und Möhren darin unter Rühren andünsten. Die Erbsen und die Petersilie unterrühren, mit Salz und Pfeffer würzen.

4 Den Backofen auf 175° vorheizen. Die Form fetten. Den Teig auf wenig Mehl rund ausrollen und in die Form geben.

5 Das Gemüse darauf verteilen. Die Eier mit der Sahne und dem Käse verrühren. Mit Salz und Muskat abschmecken. Den Guß über das Gemüse geben. Die Wähe im heißen Ofen (Mitte, Umluft 160°) 40 Min. backen. Die Gemüsewähe noch warm servieren.

Info: Wähen sind berühmte Schweizer Spezialitäten. Man backt sie mit Zwiebeln, nur mit Käse oder mit Gemüse, aber auch mit frischem Obst.

Dazu paßt ein trockener Weißwein, z. B. ein Fendant aus der Schweiz.

Zutaten für 4 Personen:

Für den Mürbeteig:
240 g Mehl
120 g kalte Butter
1 Ei · 1 Eigelb
1/2 TL Salz
Für den Belag:
400 g zarter weißer Spargel
Salz
1 EL Butter
1 TL Zucker
3 Eier
200 ml Milch
3 EL frisch gehackte Petersilie
weißer Pfeffer
30 g Pinienkerne
Mehl für die Arbeitsfläche
Und: 1 feuerfeste Form von 26 cm ø

Zubereitungszeit: 1 1/2 Std. (+ 35–40 Min. Backzeit)
Pro Portion etwa: 2575 kJ / 615 kcal
27 g EW / 38 g F / 67 g KH

Braucht etwas Zeit

Spargelkuchen

1 Die Zutaten für den Teig mit 2–3 EL eiskaltem Wasser verkneten, zugedeckt 1 Std. kühl stellen.

2 Den Spargel waschen, putzen und schälen, in 10 cm lange Stücke schneiden. Etwas Wasser mit Salz, Butter und Zucker aufkochen lassen, den Spargel darin zugedeckt in 8–10 Min. gerade eben gar dünsten. Nicht zu weich werden lassen! Sehr gut abtropfen lassen.

3 Den Backofen auf 200° (Umluft 180°) vorheizen. Den Teig auf wenig Mehl rund ausrollen, die Form damit auskleiden. Überstehenden Teig abschneiden. Den Teigboden mit einer Gabel mehrmals einstechen und den Rand mit einem Streifen Alufolie an der Form befestigen, damit er nicht abrutscht (siehe Tip). Den Teig im Ofen (Mitte) 10 Min. vorbacken. Die Folie entfernen.

4 Eier, Milch, Petersilie, Salz und Pfeffer verquirlen, auf den Teig gießen. Spargelstangen sternförmig daraufgeben, mit Pinienkernen bestreuen und im Ofen noch 25–30 Min. backen.

Tip: Legen Sie einen breiten Streifen Alufolie außen so an den Rand der Form, daß er 5 cm übersteht. Diese Folie dann nach innen klappen und an den Teig drücken. So kann er nicht abrutschen.

Grüne Spargeltarte

1 Das Mehl auf die Arbeitsfläche häufen, in der Mitte eine Mulde formen. Ei mit Salz hineingeben, Butter in Flöckchen am Rand verteilen. Alles mit einem Messer durchhacken, dann rasch zu einem geschmeidigen Teig verkneten. Zugedeckt mindestens 30 Min. kühl stellen.

2 Inzwischen den Spargel waschen, das untere Drittel schälen, die Enden entfernen und die Spitzen beiseite legen. Den Spargel in kochendem Salzwasser 5 Min. blanchieren, die Spargelspitzen dazugeben, alles weitere 2 Min. garen. In ein Sieb geben, eiskalt abschrecken und sehr gut abtropfen lassen.

3 Den Sahnegorgonzola mit einer Gabel zerdrücken, die Crème fraîche und das Ei unterrühren. Die Mischung mit Salz, Pfeffer und Muskat würzen. Den Backofen auf 200° vorheizen.

4 Den Teig auf wenig Mehl rund ausrollen, in die Form legen und einen 3 cm hohen Rand formen. Die Spargelstangen dekorativ auf den Teigboden legen und die Käsemischung gleichmäßig darauf verteilen. Die Tarte im Backofen (Mitte, Umluft 180°) 30–35 Min. backen.

Zutaten für 4–6 Personen:

Für den Mürbeteig:
250 g Mehl · 1 Ei · Salz
125 g kalte Butter
Für den Belag:
500 g grüner Spargel · Salz
250 g Sahnegorgonzola
150 g Crème fraîche
1 Ei · Pfeffer
frisch geriebene Muskatnuß
Mehl für die Arbeitsfläche
Und: 1 feuerfeste Form von 26 cm ø

Zubereitungszeit: 45 Min. (+ 30–35 Min. Backzeit)
Bei 6 Personen pro Portion etwa: 2425 kJ / 580 kcal
16 g EW / 42 g F / 35 g KH

Für Gäste

Spinattaschen mit Schafkäse

Zutaten für 6 Personen:

6 Scheiben Tiefkühl-Blätterteig (450 g)
300 g tiefgekühlter Blattspinat
2 große Zwiebeln
2 EL Olivenöl
2 Knoblauchzehen
3 EL saure Sahne
3 TL getrockneter Oregano
Salz
schwarzer Pfeffer
frisch geriebene Muskatnuß
200 g Schafkäse
Backpapier für das Blech
Mehl für die Arbeitsfläche
1 Eigelb zum Bestreichen

Zubereitungszeit: 40 Min. (+ 15 Min. Backzeit)
Pro Portion etwa: 2340 kJ / 560 kcal
11 g EW / 41 g F / 38 g KH

Schnell

1 Die Blätterteigplatten nebeneinander legen und zugedeckt auftauen lassen. Den Spinat antauen lassen.

2 Inzwischen die Zwiebeln schälen und in feine Würfel schneiden. Das Öl in einem kleinen Topf erhitzen, die Zwiebeln darin glasig werden lassen. Den Knoblauch schälen und dazupressen. Den Spinat dazugeben und unter häufigem Rühren bei schwacher Hitze auftauen lassen. Einige Minuten offen köcheln lassen, damit der Großteil der Feuchtigkeit verdampfen kann.

3 Den Spinat vom Herd nehmen. Die saure Sahne und den Oregano unterrühren, mit Salz, Pfeffer und Muskat würzen und etwas abkühlen lassen.

4 Den Backofen auf 200° (Umluft 180°) vorheizen. Ein Backblech mit Backpapier auslegen. Jede Blätterteigscheibe quer halbieren und auf wenig Mehl zu einem etwa 12 cm großen Quadrat ausrollen, die Ränder geradeschneiden.

5 Den Schafkäse klein würfeln und unter die Spinatmasse mischen. Jeweils 1 EL Spinatmischung auf die Teigstücke verteilen. Das Eigelb zum Bestreichen in einer Tasse mit 2 EL Wasser verquirlen. Die Teigränder damit bestreichen, die Teigstücke zu Dreiecken zusammenfalten und die Ränder mit einer Gabel festdrücken.

6 Die Teigtaschen auf das vorbereitete Blech setzen und mit dem restlichen Eigelb bestreichen. Im Ofen (Mitte) 15 Min. backen.

Tips: Für eine größere Runde backen Sie einfach die doppelte Menge.

Übrige Taschen lassen sich gut einfrieren. Dann bei 200° unaufgetaut in 15–20 Min. aufbacken.

Zutaten für 4 Personen:

Für den Mürbeteig:
200 g Mehl
1 Ei
Salz
100 g gekühlte Butter
Für den Belag:
je 1 Bund Basilikum, Petersilie und Dill
10 Sauerampferblätter
3 Eier
400 g Doppelrahm-Frischkäse
1 EL Zitronensaft
Salz
weißer Pfeffer
Paprika, edelsüß
Mehl für die Arbeitsfläche
eventuell Schnittlauchblüten, Pimpinelle und Borretsch zum Garnieren
Und: 1 feuerfeste Form von 28 cm ø

Zubereitungszeit: 1 Std. (+ 30 Min. Backzeit)
Pro Portion etwa: 3275 kJ / 785 kcal
19 g EW / 61 g F / 42 g KH

Schmeckt auch kalt

Kräuter-Frischkäse-Quiche

1 Das Mehl auf die Arbeitsplatte sieben, in der Mitte eine Mulde formen. Das Ei mit 1 Prise Salz und 2 EL eiskaltem Wasser hineingeben. Die Butter in Flöckchen auf dem Rand verteilen. Alles mit einem Messer durchhacken, dann rasch zu einem glatten Teig verkneten. Den Teig zugedeckt 30 Min. kühl stellen.

2 Inzwischen die Kräuter waschen, die Blättchen fein hacken. Die Eier trennen. Die Eiweiße steif schlagen. Den Frischkäse mit dem Zitronensaft und den Eigelben gut verrühren. Die Kräuter und das geschlagene Eiweiß unterheben. Die Masse mit Salz, Pfeffer und Paprika abschmecken.

3 Den Backofen auf 175° vorheizen. Den Teig auf wenig Mehl rund ausrollen und die Form damit auskleiden. Die Kräuter-Käsemasse darauf verteilen. Die Quiche im heißen Ofen (Mitte, Umluft 160°) 30 Min. backen. Eventuell mit Kräutern und Blüten garnieren.

Tips: Sie können statt Mürbeteig auch fertig gekauften Blätterteig nehmen. Sie brauchen 1 Packung von 300 g.

Die Kräuter können Sie je nach Jahreszeit beliebig zusammenstellen: Es schmecken auch Brunnenkresse, Kerbel oder Schnittlauch.

Dazu schmeckt Mineralwasser oder (alkoholfreies) Bier.

Mangoldquiche mit Pinienkernen

Zutaten für 4 Personen:

Für den Mürbeteig:
250 g Dinkelvollkornmehl
1 Ei
Salz
150 g Butter

Für den Belag:
750 g Mangold
2 Frühlingszwiebeln
3 Salbeiblätter
2 EL Sonnenblumenöl
Salz
frisch geriebene Muskatnuß
200 g weicher Ricotta
100 g Sahne
2 Eier
40 g Pinienkerne
50 g frisch geriebener Provolone
Mehl für die Arbeitsfläche
eventuell Salbeiblätter und -blüten zum Garnieren
Und: 1 feuerfeste Form von 30 cm ø

Zubereitungszeit: 1 Std.
(+ 40 Min. Backzeit)
Pro Portion etwa:
3240 kJ / 775 kcal
31 g EW / 62 g F / 53 g KH

Schmeckt auch kalt

1 Das Mehl auf die Arbeitsfläche sieben, in der Mitte eine Mulde formen. Das Ei mit 1 kräftigen Prise Salz hineingeben, die Butter in Flöckchen auf dem Rand verteilen. Alles mit einem Messer durchhacken, dann rasch zu einem glatten Teig verkneten. Zugedeckt 30 Min. kühl stellen.

2 Inzwischen den Mangold gründlich waschen. Die Blätter in Streifen schneiden, die Stiele würfeln. Die Frühlingszwiebeln putzen, gründlich waschen, längs halbieren und in Streifen schneiden. Die Salbeiblätter waschen und grob hacken.

3 Das Öl in einem breiten Topf erhitzen. Frühlingszwiebeln, Salbei und die gewürfelten Mangoldstiele darin unter Rühren andünsten. Die Mangoldstreifen dazugeben, zusammenfallen lassen. Mit Salz und Muskat würzen.

4 Den Backofen auf 200° vorheizen. Den Teig auf wenig Mehl rund ausrollen und die Form damit auskleiden.

5 Den Ricotta mit der Sahne und den Eiern verrühren. Mit Salz und Muskat würzen. Den vorbereiteten Mangold in die Form geben. Die Käsemasse darüber verteilen. Die Quiche im heißen Ofen (Mitte, Umluft 175°) 25 Min. backen. Die Pinienkerne und den Provolone darauf verteilen und weitere 15 Min. backen. Mit Salbeiblättchen und -blüten garnieren.

Zutaten für 4 Personen:
Für den Quark-Öl-Teig:
125 g Quark
4 EL Milch · 1 Ei
4 EL Öl
1 TL Salz
220 g Mehl · 1 TL Backpulver
30 g frisch geriebener Parmesan
Für den Belag:
je 1 Bund Petersilie und Basilikum
400 g Rucola
200 g Kirschtomaten
2 Knoblauchzehen
6 EL Olivenöl
70 g frisch geriebener Parmesan
Salz · schwarzer Pfeffer
Fett für das Blech
Mehl für die Arbeitsfläche
Backpapier zum Vorbacken
Basilikumblättchen zum Garnieren
Und: 1 rundes Blech von 32 cm ø

Zubereitungszeit: 40 Min.
(+ 35–40 Min. Backzeit)
Pro Portion etwa:
2445 kJ / 560 kcal
25 g EW / 32 g F / 53 g KH

Für Gäste

Tomaten-Rucola-Pizza

1 Den Quark in ein Tuch geben und auspressen. Dann mit Milch, Ei, Öl und Salz kräftig verrühren. Die Hälfte des Mehls mit dem Backpulver und dem Parmesan unterrühren. Das restliche Mehl unterkneten. Den Teig zugedeckt 30 Min. kühl stellen.

2 Inzwischen die Kräuter und den Rucola abbrausen, trockenschütteln und getrennt fein hacken. Die Tomaten waschen und halbieren. Die Knoblauchzehen schälen und durch die Presse drücken. Mit 4 EL Öl und dem Parmesan zu einer Paste vermischen. Das restliche Öl in einer Pfanne erwärmen, Rucola darin 5 Min. dünsten, die Kräuter hinzufügen und alles weitere 4 Min. garen. Mit Salz und Pfeffer würzen.

3 Den Backofen auf 175° (Umluft 155°) vorheizen. Das Blech einfetten. Den Teig auf der bemehlten Arbeitsfläche rund ausrollen, dabei einen 1 cm hohen Rand formen. Den Teig in die Form geben, mit Backpapier belegen und im heißen Backofen 20 Min. vorbacken.

4 Die Form aus dem Ofen nehmen, Backpapier entfernen. Den Teig mit der Kräutermischung und den Tomaten belegen. Die Parmesanpaste darübergeben. Im Backofen (unten, Umluft 160°) in 15–20 Min. fertigbacken. Mit Basilikum garniert servieren.

Dazu paßt ein leichter Rotwein, z. B. ein Beaujolais, oder ein gut gekühlter Rosé.

Zutaten für 4 Personen:
Für den Quark-Öl-Teig:
150 g Magerquark
1 TL Salz
3 EL Olivenöl
1 Ei
200 g Mehl
Für den Belag:
500 g Fleischtomaten
je 2 rote und grüne Paprikaschoten
1 EL Olivenöl
1 Knoblauchzehe
Salz · Pfeffer
1 TL getrocknete Kräuter der Provence
1 TL Paprika, rosenscharf
150 g Roquefort
250 g Crème fraîche
Fett für die Form
Mehl für die Arbeitsfläche
Und: 1 feuerfeste Form von 26 cm ø

Zubereitungszeit: 50 Min. (+ 40 Min. Backzeit)
Pro Portion etwa: 3085 kJ / 735 kcal
22 g EW / 50 g F / 53 g KH

Schmeckt auch kalt

Paprikaquiche mit Roquefort

1 Den Quark in einem Tuch auspressen, dann in eine Schüssel geben. Das Salz, das Öl, das Ei und das Mehl hinzufügen und mit den Knethaken des Handrührgeräts zu einem geschmeiden Teig verarbeiten. Zu einer Kugel formen und zugedeckt 30 Min. kühl stellen.

2 Die Stielansätze der Tomaten entfernen. Die Tomaten kurz überbrühen, häuten, entkernen und grob zerschneiden. Die Paprikaschoten waschen, halbieren, putzen und in schmale Streifen schneiden.

3 Das Öl in einer breiten Pfanne erhitzen. Die Paprikastreifen darin bei mittlerer Hitze 5 Min. dünsten. Den Knoblauch schälen und dazupressen. Mit Salz, Pfeffer, Kräutern und Paprikapulver würzen. Die Tomaten unterheben und 5 Min. mitdünsten.

4 Den Backofen auf 200° vorheizen. Die Form fetten. Den Teig auf wenig Mehl rund ausrollen, in die Form legen und einen Rand von 3 cm hochdrücken. Eventuell den Rand gewellt formen.

5 Das Gemüse auf dem Teigboden verteilen. Den Roquefort mit einer Gabel zerdrücken, die Crème fraîche untermischen und die Creme auf dem Gemüse verteilen. Die Quiche im heißen Backofen (Mitte, Umluft 180°) 40 Min. backen.

Tip: Quiches, die man auch kalt essen kann, sind ein ideales Gericht für ein Partybuffet, aber auch für ein Picknick. Schneiden Sie sie in Stücke und legen sie in Plastik- oder Alugefäße.

Der Tip vom Profi

Damit diese Quiche schön aromatisch wird, brauchen Sie vor allem einen geschmackvollen Kürbis, der normale Riesenkürbis ist oft zu mild und eher zum süßsauer Einlegen geeignet als zum Kochen. Besonders aromatisch sind Moschuskürbisse mit dem dunkelorangen Fruchtfleisch und der kleine, aus Japan stammende Hokkaido-Kürbis, den man mit der Schale essen kann. Zu kaufen gibt es Kürbis normalerweise ab September, den Hokkaido-Kürbis gibt es bereits ab Ende Juli/ Anfang August im Handel.
Und: Sie können ihn vier bis fünf Monate an einem kühlen Ort lagern – allerdings nur im Ganzen, nicht angeschnitten.

Zutaten für 4–6 Personen:

Für den Mürbeteig:
250 g Mehl
1 Ei
1 Prise Salz
125 g Butter
Für den Belag:
600 g Kürbis (geputzt; ungeputzt etwa 800 g)
1 große Zwiebel
2 EL Olivenöl
2 Knoblauchzehen
Salz
Pfeffer
1 Prise Cayennepfeffer
200 ml Gemüsebrühe
3 Eier
150 g Crème fraîche
100 g frisch geriebener Parmesan
3 EL Kürbiskerne
Mehl für die Arbeitsfläche
Und: 1 feuerfeste Form von 28 cm ø

Zubereitungszeit: 50 Min. (+ 45 Min. Backzeit)
Bei 6 Personen pro Portion etwa: 2505 kJ / 600 kcal
18 g EW / 40 g F / 43 g KH

Preiswert

Kürbisquiche mit Kürbiskernen

1 Das Mehl auf die Arbeitsfläche häufen, in der Mitte eine Mulde formen. Das Ei mit Salz und 1 EL eiskaltem Wasser hineingeben, Butter in Flöckchen auf dem Rand verteilen. Alles mit einem Messer durchhacken, dann rasch verkneten. Zugedeckt 30 Min. kühl stellen.

2 Inzwischen den Kürbis schälen, von Kernen und Fasern befreien und in kleine Würfel schneiden. Die Zwiebel schälen, fein hacken und in einer Pfanne im heißen Öl mit dem Kürbis andünsten. Den Knoblauch schälen und dazupressen. Mit Salz, Pfeffer und Cayennepfeffer würzen, mit der Gemüsebrühe aufgießen und zugedeckt in 15–20 Min. weich dünsten. Das Kürbisfleisch pürieren und abkühlen lassen.

3 Den Backofen auf 200° vorheizen. Den Teig auf wenig Mehl rund ausrollen, in die Form legen und einen 3 cm hohen Rand formen.

4 Die Eier mit der Crème fraîche, dem Parmesan und der Hälfte der Kürbiskerne unter das Kürbispüree rühren, nochmals würzen und die Mischung auf dem Teigboden verteilen. Mit den restlichen Kürbiskernen bestreuen und im Backofen (Mitte, Umluft 180°) 45 Min. backen.

Tips: Es gibt im Naturkostladen schon fertiges Kürbispüree im Glas zu kaufen, dann geht die Quiche noch schneller.

Sie können den Kürbis auch durch Zucchini oder eine Mischung aus verschiedenen pürierten Gemüsen ersetzen. Gut eignen sich Broccoli, Möhren und Zuckerschoten oder Erbsen.

Rote Zwiebeltarte

Zutaten für 4 Personen:

Für den Mürbeteig:
150 g Butter
1 Ei
Salz
100 g gemahlene Haselnüsse
150 g Mehl
Für den Belag:
1 kg rote Zwiebeln
50 g Rosinen
6 Salbeiblättchen
100 g brauner Zucker
150 ml Rotweinessig
1 TL Salz
1 TL gemahlener Kreuzkümmel
1 TL schwarzer Pfeffer
Mehl für die Arbeitsfläche
eventuell einige Petersilienblättchen
Und: 1 feuerfeste Form von 28 cm ø

Zubereitungszeit: 50 Min.
(+ 35 Min. Backzeit)
Pro Portion etwa:
3050 kJ / 730 kcal
10 g EW / 40 g F / 88 g KH

Gelingt leicht

1 Die Butter mit 1 Prise Salz, dem Ei, den Haselnüssen und dem Mehl zu einem glatten Teig verkneten. Die Teigkugel in Klarsichtfolie wickeln und 30 Min. kühl stellen.

2 Inzwischen für den Belag die Zwiebeln schälen und in nicht zu kleine Würfel schneiden. Die Rosinen waschen und abtropfen lassen. Die Salbeiblätter waschen und in Streifen schneiden. Den Zucker und den Essig in einen Topf geben. Zwiebeln, Rosinen, Salbei, Salz, Kreuzkümmel und Pfeffer hinzufügen und zum Kochen bringen. Bei schwacher Hitze 20 Min. offen köcheln lassen. Dabei ab und zu umrühren. Dann eventuell abtropfen lassen.

3 Den Backofen auf 200° (Umluft 180°) vorheizen. Den Teig auf wenig Mehl rund ausrollen und in die Form legen. Den Teig mit einer Gabel mehrmals einstechen.

4 Im Backofen 15 Min. vorbacken. Danach die Zwiebelmasse auf dem Teigboden verteilen und die Tarte (unten) nochmals 20 Min. backen. Eventuell mit Petersilienblättchen garniert servieren.

Tips: Wer möchte, macht etwas mehr Teig, rollt ihn dünn aus und schneidet kleine Zwiebeln aus (siehe Foto). Mit einem Messer verzieren, auf einem kleinen Blech auslegen und extra 15–20 Min. backen. Die Tarte damit verzieren.

Mehr Bindung bekommt die Tarte, wenn Sie zusätzlich 1 EL Crème fraîche und 1 Ei unter die Zwiebelmasse rühren.

Zutaten für 4–6 Personen:

Für den Quark-Öl-Teig:
200 g Magerquark
6 EL Milch
1/8 l Öl · 1/2 TL Salz
500 g Mehl · 2 TL Backpulver
Für den Belag:
250 g Champignons
600 g Tomaten
1 Fenchelknolle
1 Gemüsezwiebel
4 EL Butter
1 EL Zitronensaft
Salz · Pfeffer
1 TL Paprika, rosenscharf
1 Eigelb
350 g passierte Tomaten (aus der Packung)
2 TL getrockneter Oregano
200 g mittelalter Gouda
Öl für das Blech
eventuell frische Oregano- oder Majoranblättchen zum Garnieren

Zubereitungszeit: 50 Min. (+ 45–50 Min. Backzeit)
Bei 6 Personen pro Portion etwa: 3295 kJ / 790 kcal
25 g EW / 42 g F / 81 g KH

Für die große Runde

Große Gemüsepizza

1 Den Quark in einem Tuch auspressen, dann in einer Schüssel mit Milch, Öl und Salz verrühren. Das Mehl mit dem Backpulver dazusieben, alles zu einem glatten Teig verkneten und zugedeckt 30 Min. kühl stellen.

2 Inzwischen die Champignons putzen und blättrig schneiden. Die Tomaten waschen, trockenreiben, in Scheiben schneiden und dabei die Stielansätze entfernen. Den Fenchel putzen, die Zwiebel schälen und beides in dünne Scheiben schneiden.

3 Die Butter in einer großen Pfanne erhitzen. Fenchel- und Zwiebelscheiben darin 4 Min. andünsten, dann die Champignons untermischen und kurz mitbraten. Das Gemüse mit Zitronensaft, Salz, Pfeffer und Paprika würzen. Den Backofen auf 200° vorheizen.

4 Das Blech dünn mit Öl einfetten. Den Teig auf dem Blech ausrollen. Dabei nach Belieben vorher für den Teigrand ein Stück abnehmen, zu zwei Strängen rollen und miteinander verwinden. Mit dem Eigelb bestreichen. Den Teigboden mit einer Gabel mehrmals einstechen und mit den passierten Tomaten bestreichen. Die Fenchel-Zwiebel-Mischung auf dem Teig verteilen, darauf sehr dicht die Tomatenscheiben legen. Den Oregano, etwas Salz und Pfeffer über die Tomaten streuen und die Pizza im heißen Ofen (Mitte, Umluft 200°) 35–40 Min. backen. Den Käse grob raspeln. Über der Pizza verteilen und in 10 Min. goldbraun fertigbacken. Eventuell mit Kräuterblättchen garnieren.

Servieren Sie dazu Mineralwasser für die Kinder, Wein für die Großen.

Zutaten für 4–6 Personen:

Für den Quarkteig:
150 g Mehl · 150 g Butter
150 g Magerquark
1 Prise Salz
Für den Belag:
750 g vorwiegend festkochende Kartoffeln
1 TL Kümmel
250 g Schalotten
1 EL Butter
Salz · Pfeffer
1 TL getrockneter Majoran
250 g Crème fraîche · 2 Eier
150 g frisch geriebener Bergkäse
frisch geriebene Muskatnuß
Fett für Form
Mehl für die Arbeitsfläche
frische Majoranblättchen zum Garnieren
Und: 1 feuerfeste Form von 26 cm ø

Zubereitungszeit: 55 Min. (+ 45 Min. Backzeit)
Bei 6 Personen pro Portion etwa: 2920 kJ / 700 kcal
19 g EW / 50 g F / 46 g KH

Für Gäste

Kartoffelpie mit Schalotten

1 Das Mehl in eine Schüssel geben. Die Butter in Würfel schneiden, den Quark in einem Tuch auspressen. Beides mit dem Salz zum Mehl geben. Mit den Knethaken des Handrührgeräts zu einem geschmeidigen Teig verarbeiten, zu einer Kugel formen und zugedeckt mindestens 30 Min. kühl stellen.

2 Inzwischen die Kartoffeln waschen, mit dem Kümmel in einen Topf geben, knapp mit Wasser bedecken und zugedeckt in 25 Min. gar kochen. Etwas abkühlen lassen, schälen und in knapp 1/2 cm dicke Scheiben schneiden.

3 Die Schalotten schälen und in feine Ringe schneiden. Die Butter in einer Pfanne erhitzen und die Schalotten darin 3 Min. unter Rühren bei mittlerer Hitze dünsten. Mit Salz, Pfeffer und etwas Majoran würzen. Den Backofen auf 200° vorheizen. Die Form fetten.

4 Die Crème fraîche mit den Eiern und der Hälfte des Bergkäses verrühren und mit Salz, Pfeffer und Muskat kräftig würzen.

5 Den Teig auf wenig Mehl rund ausrollen, in die Form legen und einen etwa 3 cm hohen Rand formen. Die Kartoffeln dachziegelartig auf den Teig legen, dabei jede Schicht mit Salz, Pfeffer und Majoran würzen und die Schalotten darauf verteilen. Mit der Käsemischung begießen und mit dem restlichen Käse bestreuen. Im Backofen (Mitte, Umluft 180°) 45 Min. backen. Mit Majoranblättchen garnieren.

Dazu paßt gemischter Blattsalat.

Tip: Wer viele Gäste erwartet, bereitet die doppelte Menge zu und backt die Pie im tiefen Backblech (Fettpfanne).

FISCH UND MEERESFRÜCHTE

Das besondere Rezept!

Reichen Sie diese köstlichen Minipizzen einmal mit einem kleinen Salat als Vorspeise für eine größere Runde. Sie können auch ganz einfach die doppelte Menge zubereiten und noch mehr Gäste bewirten. Den Teig schon morgens kneten und bis zum Abend zugedeckt im Kühlschrank gehen lassen. Die Thunfisch-Tapenade können Sie sogar schon am Vortag fertigstellen und im Kühlschrank bereit halten. Dann die Pizzen nur noch formen, belegen und backen. Sie schmecken übrigens ganz köstlich mit einem Gläschen Prosecco oder auch Champagner.

Zutaten für 6 Personen:

Für den Hefeteig:
1 Würfel Hefe (42 g)
400 g Mehl
1 Prise Zucker
Salz
100 ml Olivenöl
Für den Belag:
6 Sardellenfilets
2 Knoblauchzehen
2 EL Kapern
1 Bund Petersilie
50 g schwarze Oliven
200 g Thunfisch aus der Dose (im eigenen Saft)
2 EL Olivenöl
Pfeffer · Cayennepfeffer
1 EL Zitronensaft
Zum Garnieren:
1 unbehandelte Zitrone
10 Kirschtomaten
Öl oder Backpapier für das Blech
Mehl für die Arbeitsfläche

Zubereitungszeit: 1 1/4 Std. (+ 25 Min. Backzeit)
Pro Portion etwa:
2065 kJ / 495 kcal
20 g EW / 21 g F / 58 g KH

Für die große Runde

Minipizzen mit Thunfisch-Tapenade

1 Die Hefe zerbröckeln und in 1/8 l lauwarmem Wasser auflösen. Das Mehl, den Zucker, 2 Prisen Salz und das Öl zu der Hefe in die Schüssel geben. Mit den Knethaken des Handrührgerätes alle Zutaten zu einem glatten Teig verkneten. 1 Std. an einem warmen Ort zugedeckt gehen lassen.

2 Inzwischen die Sardellenfilets abspülen, trockentupfen und fein hacken. Den Knoblauch schälen und dazupressen. Die Kapern fein hacken. Die Petersilie waschen, die Blättchen hacken (einige Stengel für die Garnitur aufheben). Die Oliven entsteinen und ebenfalls sehr fein schneiden. Den Thunfisch abtropfen lassen und mit einer Gabel zerpflücken. Mit dem Öl und den übrigen Zutaten zu einer glatten Masse verrühren. Mit Pfeffer, Cayennepfeffer und Zitronensaft pikant abschmecken. Den Backofen auf 200° vorheizen.

3 Das Blech leicht einölen oder mit Backpapier belegen. Auf einer bemehlten Arbeitsfläche den Teig nochmals durchkneten, zu einer Rolle formen und in 18–20 Scheiben schneiden. Daraus kleine Pizzen formen, dabei die Ränder etwas hochdrücken. Den Teig auf das Blech legen und nochmals 10 Min. gehen lassen. Die Tapenade auf den Pizzen verteilen. Die Pizzen im Ofen (Mitte, Umluft 180°) 25 Min. backen. Vor dem Servieren die Zitrone waschen und zuerst in Scheiben, dann in kleine Stücke schneiden. Oder die Zitrone schälen und in dünne Scheiben schneiden. Jede Pizza mit Zitronenstücken, 1/2 Kirschtomate und den Petersilienblättchen garnieren.

Tip: Wer möchte, garniert die Minipizzen statt mit Kirschtomaten mit schwarzen Oliven und etwas blühendem Thymian.

Miniquiches mit Meeresfrüchten

Zutaten für 4–6 Personen:
Für den Mürbeteig:
250 g Mehl
1 Ei · Salz
125 g Butter
Für den Belag:
500 g gemischte küchenfertige, ungegarte Meeresfrüchte (Tintenfisch, Muschelfleisch, Garnelen; ersatzweise tiefgefroren)
3 EL Zitronensaft
Salz · Pfeffer
2 Knoblauchzehen
1 Bund Petersilie
100 g Sahne
100 g Crème fraîche
3 Eier
frisch geriebene Muskatnuß
Cayennepfeffer
Mehl für die Arbeitsfläche
Und: 10–12 kleine Förmchen von 10 cm ø

Zubereitungszeit: 1 Std.
(+ 40 Min. Backzeit)
Bei 6 Personen pro Portion etwa:
2210 kJ / 530 kcal
21 g EW / 33 g F / 37 g KH

Frisch am besten

1 Für den Mürbeteig das Mehl auf die Arbeitsfläche sieben und in die Mitte eine Mulde drükken. Das Ei und 2 Prisen Salz hineingeben. Die Butter in kleinen Flöckchen auf dem Rand verteilen und alles mit einem großen Messer bröselig hacken. Alle Zutaten zu einem glatten Teig verkneten. Den Teig zu einer Kugel formen, in Klarsichtfolie schlagen und 30 Min. kühl stellen.

2 Inzwischen die Meeresfrüchte kalt abspülen und abtropfen lassen (tiefgefrorene Meeresfrüchte nach Packungsaufschrift auftauen lassen). In einer Schüssel mit dem Zitronensaft mischen und mit Salz und Pfeffer würzen. Den Knoblauch schälen und dazupressen. Die Petersilie waschen, die Blättchen kleinschneiden und ebenfalls untermischen. Alles zugedeckt 20 Min. ziehen lassen.

3 Den Backofen auf 200° vorheizen. Für den Guß die Sahne mit der Crème fraîche und den Eiern verquirlen. Mit Muskat, Cayennepfeffer, Pfeffer und etwas Salz pikant abschmecken.

4 Den Teig auf wenig Mehl nochmals durchkneten und dünn ausrollen. Die Förmchen damit auskleiden, überstehenden Teig abschneiden und den Teigboden mehrmals mit einer Gabel einstechen. Die Meeresfrüchte in den Förmchen verteilen und mit der Sahnemischung begießen.

5 Die Quiches im Ofen (Mitte, Umluft 180°) in 40 Min. goldbraun backen. Vor dem Servieren 10 Min. ruhen lassen.

Der Tip vom Profi

Bereiten Sie diese Quiche – ebenso wie die Artischockenquiche mit Garnelen (Seite 73) und die Garnelenquiche mit Currysahne (Seite 77) – in jedem Fall mit ungegarten Garnelen zu. Bereits gegarte werden in der relativ langen Backzeit sehr hart und zäh. Die Quiche schmeckt dann nicht nur weniger gut, sie läßt sich auch schwer schneiden. Wenn Sie rohe Garnelen nicht frisch bekommen, können Sie auch tiefgekühlte nehmen, diese aber in einem Sieb unbedingt komplett auftauen lassen, damit der Guß nicht wäßrig wird.

Zutaten für 4 Personen:

Für den Mürbeteig:
150 g Mehl
1/2 TL Salz
80 g kalte Butter
60 g fein geriebener Emmentaler
1 Eigelb
Für den Belag:
1 Zwiebel
250 g Mangold
1 EL Öl
1 Knoblauchzehe
Salz
schwarzer Pfeffer
150 g geschälte ungegarte Tiefseegarnelen
250 g Sahne
3 Eier
100 g frisch geriebener Greyerzer
Mehl für die Arbeitsfläche
Und: 1 feuerfeste Form von 26 cm ø

Zubereitungszeit: 1 Std.
(+ 40 Min. Backzeit)
Pro Portion etwa:
3050 kJ / 730 kcal
31 g EW / 51 g F / 36 g KH

Gelingt leicht

Mangoldquiche mit Garnelen

1 Für den Teig alle Zutaten mit 1–2 EL eiskaltem Wasser rasch verkneten. Zugedeckt 30 Min. kühl stellen.

2 Inzwischen für den Belag die Zwiebel schälen und in kleine Würfel schneiden. Den Mangold waschen und putzen. Die Blätter in 1 cm breite und die Stiele in sehr schmale Streifen schneiden.

3 Das Öl in einer Pfanne leicht erhitzen, die Zwiebelwürfel darin glasig werden lassen. Den Knoblauch schälen und dazupressen, dann auch den Mangold dazugeben. Alles mit Salz und Pfeffer würzen und 5 Min. unter häufigem Rühren bei schwacher Hitze garen. Vom Herd nehmen.

4 Die Garnelen in einem Sieb kalt abbrausen, gut abtropfen lassen und mit dem Mangold mischen. Die Sahne mit den Eiern und dem Greyerzer verquirlen.

5 Den Backofen auf 225° vorheizen. Den Teig auf wenig Mehl rund ausrollen und die Quicheform damit auskleiden. Überstehenden Teig abschneiden. Den Teigboden mit einer Gabel mehrmals einstechen.

6 Die Mangold-Garnelen-Mischung auf die Quiche geben, dann die Eiersahne darüber verteilen. Die Quiche im Ofen (Mitte, Umluft 200°) 35 Min. backen.

Tip: Besonders hübsch sieht es aus, wenn Sie beim Einschichten einige Garnelen zum Schluß so auf der Quiche verteilen, daß sie herausstehen.

Zutaten für 4–6 Personen:
Für den Mürbeteig:
250 g Mehl
1 Ei · Salz
125 g Butter
Für den Belag:
500 g Spinat (ersatzweise 300 g tiefgekühlter Blattspinat)
1 Zwiebel
2 EL Butter
1 Knoblauchzehe
Salz · Pfeffer
frisch geriebene Muskatnuß
500 g Kabeljaufilet
2 EL Zitronensaft
2 Bund Dill
250 g Crème fraîche
2 Eier
Mehl für die Arbeitsfläche
eventuell Dillblüten zum Garnieren
Und: 1 feuerfeste Form von 26 cm ø

Zubereitungszeit: 50 Min. (+ 30 Min. Backzeit)
Bei 6 Personen pro Portion etwa: 2585 kJ / 620 kcal
25 g EW / 41 g F / 37 g KH

Gelingt leicht

Kabeljauquiche mit Dillcreme

1 Das Mehl auf die Arbeitsfläche geben, eine Mulde formen. Das Ei mit Salz hineingeben, Butter in Flöckchen auf dem Rand verteilen. Mit einem Messer durchhacken, dann rasch verkneten. Den Teig zugedeckt 30 Min. kühl stellen.

2 Inzwischen den Spinat putzen, waschen und in einem Sieb abtropfen lassen. Tiefgekühlten Spinat antauen lassen. Die Zwiebel schälen und fein hacken. Die Butter in einem breiten Topf schmelzen, die Zwiebel darin glasig dünsten. Den Knoblauch schälen und dazupressen. Den Spinat bei mittlerer Hitze 5 Min. mitdünsten. Mit Salz, Pfeffer und Muskat würzen.

3 Den Kabeljau kalt abspülen, trockentupfen und in Stücke schneiden. Mit Zitronensaft beträufeln, salzen und pfeffern. Den Dill waschen, abzupfen und fein hacken. Die Crème fraîche mit den Eiern und dem Dill verrühren, mit Salz und Pfeffer würzen. Den Backofen auf 200° vorheizen. Die Form fetten.

4 Den Teig auf wenig Mehl rund ausrollen, in die Form legen und einen Rand von 3 cm formen. Den Spinat abtropfen lassen und darauf verteilen, mit dem Kabeljau belegen und mit der Dillcreme bedecken. Im heißen Ofen (Mitte, Umluft 180°) 30 Min. backen. Eventuell mit Dillblüten garniert servieren.

Tip: Anstelle des Kabeljaus können Sie auch andere Fischsorten verwenden. Für eine vegetarische Variante nehmen Sie die doppelte Menge Spinat und mischen noch 100 g fein geriebenen Appenzeller unter die Dillcreme.

Dazu paßt ein harmonischer Weißwein, z. B. ein Sauvignon.

Zutaten für 4–6 Personen:

Für den Quarkteig:
150 g weiche Butter
150 g Magerquark
150 g Mehl
1 Prise Salz
Für den Belag:
300 g junge Zucchini
Salz
1 große Fleischtomate (etwa 300 g)
Pfeffer
1 Bund Petersilie
2 Eigelbe
250 g Crème fraîche
3 EL Meerrettich aus dem Glas
375 g geräucherte Forellenfilets
Fett für die Form
Mehl für die Arbeitsfläche
Petersilienblättchen zum Garnieren
Und: 1 feuerfeste Form von 26 cm ø

Zubereitungszeit: 50 Min. (+ 35 Min. Backzeit)
Bei 6 Personen pro Portion etwa: 2520 kJ / 605 kcal
22 g EW / 46 g F / 26 g KH

Schmeckt auch kalt

Räucherfischquiche mit Meerrettichsahne

1 Die Butter in eine Schüssel füllen, den Quark, das Mehl sowie das Salz dazugeben und alles mit den Knethaken des Handrührgeräts zu einem geschmeidigen Teig verkneten. Zugedeckt 30 Min. kühl stellen.

2 Inzwischen die Zucchini putzen, waschen und in kleine Würfel schneiden. In kochendem Salzwasser 3 Min. blanchieren, in einem Sieb sehr gut abtropfen lassen. Den Stielansatz der Tomate entfernen. Die Tomate überbrühen, häuten, entkernen und in kleine Würfel schneiden. Mit den Zucchiniwürfeln mischen und mit Salz und Pfeffer würzen. Die Petersilie waschen, die Blättchen hacken und unterheben.

3 Die Eigelbe mit der Crème fraîche und dem Meerrettich verquirlen. Mit Salz und Pfeffer kräftig würzen.

4 Den Backofen auf 200° vorheizen. Die Form fetten. Den Teig auf wenig Mehl rund ausrollen, in die Form legen und einen 3 cm hohen Rand formen.

5 Die Zucchini-Tomatenmischung auf dem Teigboden gleichmäßig verteilen, die Forellenfilets darauf legen und mit der Meerrettichsahne übergießen. Die Quiche im heißen Backofen (Mitte, Umluft 180°) 35 Min. backen. Mit Petersilienblättchen garniert servieren.

Dazu paßt gemischter Blattsalat.

Heilbuttquiche mit Basilikumsauce

Zutaten für 4–6 Personen:

5 Scheiben Tiefkühl-Blätterteig (300 g)
500 g geräucherte Heilbuttkoteletts
2 EL Zitronensaft
Pfeffer · Cayennepfeffer
Salz · 1/8 l Milch
4 Eier
150 g Crème fraîche
frisch geriebene Muskatnuß
Für die Sauce:
2 Bund Basilikum
2 EL Zitronensaft
1/4 TL Zucker
1 TL Senf (mittelscharf)
Salz · Pfeffer
200 g Joghurt
Basilikumblättchen zum Garnieren
Mehl für die Arbeitsfläche
Und: 1 feuerfeste Form von 24 cm ø

Zubereitungszeit: 30 Min.
(+ 45 Min. Backzeit)
Bei 6 Personen pro Portion etwa:
2265 kJ / 545 kcal
27 g EW / 35 g F / 27 g KH

Schnell

1 Die Blätterteigplatten nebeneinander legen und zugedeckt auftauen lassen. Die Haut vom Heilbutt ablösen, die Gräten sorgfältig herauslösen, dann das Fischfleisch zerpflücken und mit Zitronensaft, Pfeffer und etwas Cayennepfeffer würzen. Eventuell leicht salzen. Den Backofen auf 180° vorheizen.

2 Die Milch mit den Eiern und der Crème fraîche verquirlen, mit Muskat, etwas Salz und Pfeffer abschmecken. Die Form kalt ausspülen, aber nicht abtrocknen. Den Teig leicht überlappend auf wenig Mehl ausrollen. In die Form legen und dabei einen 2–3 cm hohen Rand andrücken.

3 Den Heilbutt auf dem Teig verteilen und mit der Eiermischung begießen. Die Quiche im heißen Ofen (Mitte, Umluft 160°) in 45 Min. goldgelb backen.

4 Für die Sauce Basilikum kurz abspülen, Blättchen abzupfen und mit dem Zitronensaft, Zucker, Senf, Salz und Pfeffer im Blitzhacker pürieren. Den Joghurt unterziehen und die Sauce in kleine Schälchen verteilen. Mit je 1 Basilikumblättchen garnieren und zur Quiche servieren.

Der Tip vom Profi

Blätterteig soll beim Backen so richtig schön locker aufgehen, damit Kuchen – ob salzig oder süß – wirklich gut schmecken. Besonders gut gelingen Blätterteigkuchen in einer Pizzaform mit gelochtem Boden, denn darin bekommt der empfindliche Teig auch von unten genug Luft und damit Auftrieb.

Zutaten für 2–4 Personen:

Für den Hefeteig:
250 g Mehl
1/2 Würfel Hefe (20 g)
75 ml lauwarme Milch
1/2 TL Zucker
Salz
2 EL Öl
Für den Belag:
3–4 Tomaten
2 Zwiebeln
150 g gekochter Schinken
8 Sardellenfilets in Salz
6 scharf eingelegte Peperoni (Pfefferoni)
50 g schwarze Oliven
1 TL getrockneter Oregano
50 g frisch geriebener Pecorino
Mehl für die Arbeitsfläche
Öl für das Blech
Oreganoblättchen zum Garnieren

***Zubereitungszeit:** 1 1/4 Std. (+ 25 Min. Backzeit)*
***Bei 4 Personen pro Portion** etwa: 2190 kJ / 525 kcal*
25 g EW / 17 g F / 71 g KH

Für Gäste

Pikante Sardellen-Schinken-Pizza

1 Das Mehl in eine Schüssel sieben, in die Mitte eine Mulde drücken. Die Hefe hineinkrümeln und mit der Milch verrühren. Den Zucker, 3 Prisen Salz und das Öl auf dem Rand verteilen. Alle Zutaten zu einem glatten Teig verkneten und zugedeckt an einem warmen Ort 1 Std. gehen lassen.

2 Inzwischen die Tomaten waschen, die Zwiebeln schälen und beides in dünne Scheiben schneiden. Den Schinken in Streifen schneiden. Die gesalzenen Sardellenfilets abspülen und trockentupfen. Den Backofen auf 200° vorheizen.

3 Den Teig nochmals durchkneten, halbieren und auf wenig Mehl jeweils zu einem Fladen ausrollen. Auf ein leicht geöltes Blech legen und mit den Tomaten belegen. Die Zwiebelscheiben und den Schinken darauf verteilen. Sardellen, Peperoni und Oliven dazwischen legen. Die Pizzen mit dem Oregano und dem Pecorino bestreuen und im heißen Ofen (Mitte, Umluft 180°) 25 Min. backen. Mit Oreganoblättchen garnieren.

Dazu schmeckt Tomatensalat.

Tip: Sardellen gibt es in Öl eingelegt, aber auch in Salz konserviert zu kaufen. Eingesalzene müssen Sie immer sehr gründlich kalt abspülen, damit die Gerichte nicht zu würzig werden. Und auch solche in Öl sind kräftig, also immer sparsam salzen!

Zutaten für 2–4 Personen:

Für den Quark-Öl-Teig:
150 g Magerquark
4 EL Milch
6 EL Öl
Salz
300 g Mehl
2 TL Backpulver
Für den Belag:
400 g Zucchini
2 Frühlingszwiebeln
2 EL Butter
2 EL Crème fraîche
Salz · Pfeffer · Cayennepfeffer
200 g ausgepulte Nordseekrabben
2 EL Zitronensaft
2 Knoblauchzehen
1 Bund Dill
100 g Kirschtomaten
150 g mittelalter Gouda
Mehl für die Arbeitsfläche
Öl für das Blech

Zubereitungszeit: 1 Std.
(+ 45 Min. Backzeit)
Pro Portion etwa:
3105 kJ / 740 kcal
35 g EW / 36 g F / 71 g KH

Für Gäste

Pizza-Herz mit Krabben

1 Den Quark in einem Tuch auspressen, dann mit Milch, Öl und 1/2 TL Salz verrühren. Das Mehl und Backpulver dazusieben, alles zu einem glatten Teig verkneten und zugedeckt 15 Min. kühl stellen.

2 Die Zucchini waschen und die Enden abschneiden. 1 Zucchino zur Seite legen, die übrigen fein raspeln. Die Frühlingszwiebeln putzen, waschen und in dünne Ringe schneiden. Die Butter in einer Pfanne zerlassen, Zucchiniraspel und Zwiebelringe darin 5 Min. bei mittlerer Hitze unter Rühren dünsten. Etwas abkühlen lassen, Crème fraîche untermischen und mit Salz, Pfeffer und 2 Prisen Cayennepfeffer pikant abschmecken.

3 Die Krabben mit dem Zitronensaft beträufeln. Den Knoblauch schälen und dazupressen. Den Dill abspülen, trockenschütteln (einige Zweige als Garnitur zur Seite legen), den Rest fein hacken und unter die Krabben mischen. Den ganzen Zucchino in 1/2 cm dicke Scheiben schneiden und mit einem Plätzchenausstecher kleine Herzen ausstechen. Kirschtomaten abspülen und halbieren. Käse raspeln.

4 Den Teig auf wenig Mehl ausrollen und mit einem großen Herzausstecher 2 Herzen ausstechen (oder aus Pappe ein Herz schneiden, auf den Teig legen und mit einem Messer die Konturen nachziehen). Den Backofen auf 180° vorheizen. Die Pizzaherzen auf ein leicht geöltes Blech legen, die Ränder dicker formen.

5 Die Zucchinimasse auf dem Teig verstreichen. Krabben, Kirschtomaten und Zucchiniherzen darauf verteilen und mit dem Käse bestreuen. Im heißen Ofen (Mitte, Umluft 160°) 30 Min. backen. Mit den restlichen Dillzweigen garnieren.

Tips: In gut sortierten Haushaltwarengeschäften bekommen Sie Herzchen-Backformen, die Sie ebenfalls verwenden können.

Aus dem restlichen Teig können Sie entweder eine Verzierung für den Rand formen oder Mini-Herzen ausstechen und belegen.

Das besondere Rezept !

Mit Quiche, Pizza und Tarte verbindet man meist Gerichte, für die man etwas mehr Zeit einplanen sollte. Daß dies nicht sein muß, beweist diese pikante Tarte aus Zutaten, die wenig Arbeit machen. Blätterteig, Mais und Thunfisch können Sie zudem immer im Vorrat haben, dann sind Sie auch für Überraschungsbesuch gerüstet. Frische Chilischoten dann eventuell durch getrocknete ersetzen, den Lauch durch eine große Zwiebel. Eier, etwas Käse und Milch haben Sie sicher ohnehin immer im Haus.
Wer es pikanter möchte, kann die Tarte noch mit kurz blanchierten Chilistreifen garnieren.

Zutaten für 4 Personen:
3 Scheiben Tiefkühl-Blätterteig (225 g)
2 rote Chilischoten
1 Dose Maiskörner (400 g)
2 zarte Lauchstangen
1 Dose Thunfisch im eigenen Saft (etwa 200 g)
2 EL Olivenöl
Salz
schwarzer Pfeffer
125 g Greyerzer
1 Bund Schnittlauch
2 Eier
200 ml Milch
Mehl für die Arbeitsfläche
Und: 1 feuerfeste Form von 24 cm ø

Zubereitungszeit: 30 Min. (+ 30 Min. Backzeit)
Pro Portion etwa: 2835 kJ / 680 kcal
33 g EW / 40 g F / 49 g KH

Schnell

Scharfe Thunfischtarte

1 Die Blätterteigplatten nebeneinander legen und zugedeckt auftauen lassen. Die Chilischoten aufschneiden, entkernen, putzen und waschen, in feine Streifen schneiden. Den Mais in einem Sieb abtropfen lassen. Den Lauch putzen, längs aufschlitzen und gründlich waschen, trockenschütteln und in Streifen schneiden. Den Thunfisch abtropfen lassen und zerpflücken.

2 Das Öl in einer Pfanne erhitzen, Lauch und Chiliringe darin unter häufigem Rühren bei mittlerer Hitze 2–3 Min. garen. Den Mais und den Thunfisch untermischen, alles mit Salz und Pfeffer würzen und vom Herd nehmen.

3 Den Greyerzer reiben. Den Schnittlauch waschen und in Röllchen schneiden. Beides mit den Eiern und der Milch verrühren.

4 Den Backofen auf 200° vorheizen. Die Blätterteigplatten aufeinander legen und auf wenig Mehl ausrollen, einen etwa 26–28 cm großen Kreis daraus ausschneiden. Die Form mit kaltem Wasser ausspülen, nicht abtrocknen. Den Teig hineinlegen, am Rand andrücken.

5 Zuerst die Lauchmischung, dann die Eiermilch auf dem Teig verteilen, die Tarte im Ofen (Mitte, Umluft 180°) 30 Min. backen.

Thunfischpizza

Zutaten für 4 Personen:

Für den Hefeteig:
1/2 Würfel Hefe (20 g)
300 g Mehl
Salz
4 EL Olivenöl
Für den Belag:
2 Dosen Thunfisch in Öl (je 150 g)
8 getrocknete Tomaten in Öl
1 EL Olivenöl
1 EL Kapern
50 g schwarze Oliven
150 g Manchego oder frisch geriebener Pecorino oder Ziegencamembert in Scheiben
Fett für die Form
Mehl für die Arbeitsfläche
Backpapier zum Belegen
Und: 1 Pizzaform von 28 cm ø

Zubereitungszeit: 1 1/4 Std.
(+ 25 Min. Backzeit)
Pro Portion etwa:
2955 kJ / 705 kcal
47 g EW / 29 g F / 61 g KH

Gelingt leicht

1 Die Hefe in 1/8 l lauwarmem Wasser anrühren. Das Mehl mit 1 kräftigen Prise Salz, dem Öl und der Hefe mischen. Mit den Knethaken des Handrührgerätes oder mit den Händen schnell zu einem glatten Teig verarbeiten. Den Teig zugedeckt an einem warmen Ort 1 Std. gehen lassen.

2 Inzwischen den Thunfisch abtropfen lassen und grob zerpflücken. Die Tomaten längs halbieren. Den Backofen auf 220° (Umluft 200°) vorheizen. Die Pizzaform fetten.

3 Den Hefeteig nochmals durchkneten, halbieren und auf bemehlter Arbeitsfläche jeweils zu einem länglichen Fladen ausrollen. Auf das Blech legen, dabei den Rand etwas dicker formen. Die Teigfladen mit dem Olivenöl bestreichen und mit Backpapier belegen. Im Backofen 10 Min. vorbacken.

4 Danach den Teig mit Thunfisch, Tomaten, Kapern und Oliven belegen. Mit dem Käse bestreuen und im Backofen (Mitte) weitere 15 Min. backen.

Tip: Besonders fein schmeckt die Pizza, wenn Sie Thunfisch kaufen, der in Olivenöl eingelegt ist. Den gibt es im italienischen Feinkostgeschäft.

Dazu paßt ein trockener Rotwein, z. B. ein Rioja.

Kartoffelpizza mit mariniertem Heilbutt

Zutaten für 4–6 Personen:

600 g Heilbuttfilet
Salz
Pfeffer
Cayennepfeffer
6 EL Olivenöl
4 EL Zitronensaft
2 Knoblauchzehen
je 1 Bund Dill, Petersilie und Kerbel
1,5 kg mehligkochende Kartoffeln
1 Ei
1 Eigelb
1 EL Speisestärke
800 g Eiertomaten
250 g Mozzarella
100 g frisch geriebener Parmesan
Dillspitzen zum Garnieren

Zubereitungszeit: 1 Std. (+ 1 Std. Backzeit)
Bei 6 Personen pro Portion etwa: 2420 kJ / 580 kcal
43 g EW / 27 g F / 42 g KH

Für die große Runde

Dazu paßt am besten ein kühles Bier.

1 Das Fischfilet kalt abspülen, trockentupfen und in kleine Stücke schneiden. Mit Salz, Pfeffer und 3–4 Prisen Cayennepfeffer würzen. 4 EL Öl mit dem Zitronensaft verrühren. Den Knoblauch schälen und dazudrücken. Die Kräuter abspülen, die Blättchen fein hacken. Die Fischstücke mit Kräutern und Ölmarinade mischen, abgedeckt zur Seite stellen.

2 Die Kartoffeln waschen und mit Wasser und etwas Salz bei mittlerer Hitze zugedeckt in 30 Min. weich kochen. Das Wasser abgießen, die Kartoffeln noch heiß schälen und sofort durch die Kartoffelpresse drücken. Mit etwas Salz, Ei, Eigelb und Speisestärke verkneten. Den Backofen auf 225° (Umluft 200°) vorheizen. Das Blech mit dem restlichen Öl bestreichen, die Kartoffelmasse gleichmäßig darauf verteilen und andrücken.

3 Den Kartoffelteig im Ofen (Mitte) 25 Min. vorbacken. Die Tomaten waschen und in Scheiben schneiden. Den Mozzarella in kleine Würfel schneiden.

4 Das Blech herausnehmen, den Teig mit den Tomatenscheiben belegen, pfeffern und leicht salzen. Die Heilbuttstücke auf den Tomaten verteilen und die Mozzarellawürfel dazwischen legen. Die Pizza mit dem Parmesan bestreuen und mit der Fischmarinade beträufeln. Die Temperatur auf 200° (Umluft 180°) herunterschalten und die Pizza weitere 35 Min. backen. Falls sie zu schnell braun wird, mit Alufolie abdecken. Mit Dillspitzen garniert servieren.

Tips: Wenn Sie eine größere Einladung planen, können Sie gut die doppelte Menge der Kartoffelpizza vorbereiten. Dann nacheinander zwei Pizzen backen. Servieren Sie dazu eine große Schüssel gemischten Salat und fertig ist ein tolles und unkompliziertes Gästeessen.

Kartoffeln sollten Sie immer mit der Kartoffelpresse oder dem Kartoffelstampfer zerkleinern und keinesfalls pürieren. Sie werden dabei zäh wie Kleister.

Falls die Kartoffelmasse sehr weich ist – das hängt vor allem vom Stärkegehalt der Kartoffeln ab – können Sie noch ein wenig Mehl mit unter die Kartoffelmasse mischen.

Wer nicht so gerne Fisch mag, ersetzt ihn durch sehr fein geschnittenes Kalbfleisch, Huhn oder Pute. Diese wie den Fisch marinieren und verwenden.

Die noch heißen Kartoffeln durch die Presse drücken und mit Ei und Speisestärke verkneten.

Die Kartoffelmasse gleichmäßig auf dem Blech ausrollen, mit den Fingern einen Rand hochdrücken.

Den vorgebackenen Kartoffelteig gleichmäßig mit Tomatenscheiben und Heilbuttstücken belegen.

Zutaten für 4 Personen:
Für den Teig:
400 g Mehl
Salz
4 EL Olivenöl
Für den Belag:
500 g Chicorée
1 EL Butter
10 Sardellen
1 EL Kapern
2 EL Semmelbrösel
1 EL frisch gehackte Petersilie
Salz
Pfeffer
100 g Pecorino
1 EL Olivenöl
Fett für die Form
Mehl für die Arbeitsfläche
Und: 1 flache feuerfeste Form von 28 cm ø

Zubereitungszeit: 40 Min. (+ 40 Min. Backzeit)
Pro Portion etwa: 2805 kJ / 670 kcal
26 g EW / 22 g F / 91 g KH

Für Gäste

Sardellen-Chicorée-Tarte

1 Das Mehl mit 1 kräftigen Prise Salz in eine Schüssel geben. 180 ml Wasser und das Olivenöl dazugeben. Alles zu einem geschmeidigen Teig verarbeiten. Den Teig in Klarsichtfolie wickeln, bei Zimmertemperatur 20 Min. ruhen lassen.

2 Inzwischen die Chicoréestauden waschen, halbieren und den Strunk entfernen. Den Chicorée quer in Streifen schneiden. Die Butter in einem Topf schmelzen, die Chicoréestreifen dazugeben und andünsten. Mit 100 ml Wasser aufgießen und bei mittlerer Hitze 3 Min. darin ziehen lassen. Chicorée eventuell abtropfen lassen. Die Sardellenfilets abspülen und fein hacken. Mit den Kapern unter den Chicorée mischen.

3 Die Semmelbrösel in einer Pfanne ohne Fett bei mittlerer Hitze kurz anrösten. Die Petersilie dazugeben. Mit wenig Salz und reichlich Pfeffer würzen.

4 Den Backofen auf 200° vorheizen. Die Form fetten. Den Teig halbieren, auf wenig Mehl jeweils zu runden dünnen Teigplatten ausrollen. Die Form mit einer Platte auskleiden. Die Petersilienbrösel auf den Teig streuen. Die Chicoréemischung darauf verteilen. Mit dem Pecorino bestreuen. Den Teigdeckel auflegen und den Rand festdrücken. Aus Teigresten eine dünne Rolle formen, um den Rand legen. Den Teigdeckel mit einer Gabel mehrmals einstechen. Mit dem Öl beträufeln. Die Tarte im heißen Ofen (unten, Umluft 180°) 40 Min. backen.

Tip: Für diese Tarte können Sie auch 350 g tiefgekühlten Blätterteig nehmen.

Artischocken-Garnelen-Quiche

Zutaten für 2–4 Personen:

- 3 Scheiben Tiefkühl-Blätterteig (180 g)
- 1 Dose Artischockenböden (390 g Inhalt, ersatzweise Artischockenherzen)
- 150 g geschälte rohe Tiefseegarnelen
- 5 Zweige Estragon
- 3 Eier
- 200 g Crème fraîche
- Salz
- weißer Pfeffer
- Mehl für die Arbeitsfläche
- Estragonzweiglein zum Garnieren
- Und: 1 feuerfeste Form von 24 cm ø

Zubereitungszeit: 20 Min. (+ 35 Min. Backzeit)
Bei 4 Personen pro Portion etwa: 2405 kJ / 575 kcal
19 g EW / 41 g F / 33 g KH

Schnell

1 Die Blätterteigplatten nebeneinander legen und zugedeckt auftauen lassen. Den Backofen auf 200° vorheizen. Die Artischockenböden in ein Sieb geben und abtropfen lassen. Die Garnelen in einem Sieb kalt abbrausen und gut abtropfen lassen.

2 Den Estragon waschen, abtrocknen und fein hacken, mit den Eiern und der Crème fraîche verquirlen, mit Salz und Pfeffer würzen.

3 Die Blätterteigplatten aufeinander legen und auf wenig Mehl rund ausrollen. Die Form kalt ausspülen, nicht abtrocknen und mit dem Teig auskleiden, überstehenden Teig abschneiden.

4 Die Artischockenböden auf den Teig legen, die Garnelen dazwischen verteilen. Die Eiercreme darüber gießen und die Quiche im Ofen (Mitte, Umluft 180°) 35 Min. backen. Vor dem Anschneiden 10 Min. ruhen lassen. Mit Estragon garniert servieren.

Tip: Wenn Sie tiefgefrorene Garnelen verwenden, diese auftauen und sehr gut abtropfen lassen. Andernfalls geben sie zu viel Feuchtigkeit ab, und die Eiermasse wird möglicherweise nicht fest.

Dazu schmeckt ein kräftiger Weißwein, z. B. ein Chardonnay.

Pizza mit Meeresfrüchten

Zutaten für 4 Personen:

Für den Hefeteig:
300 g Mehl
Salz
1/2 Würfel Hefe (20 g)
4 EL Olivenöl
Für den Belag:
1 Zwiebel
2 Knoblauchzehen
2 EL Olivenöl
500 g Tomatenfruchtfleisch (aus der Packung)
Salz
1 Prise Chilipulver
1 TL getrockneter Oregano
1 EL Kapern
1 Peperoni aus dem Glas
500 g gegarte Meeresfrüchte aus dem Glas (Muscheln, Garnelen, Tintenfischringe; aus dem Fischgeschäft)
einige Petersilienblättchen
Öl für das Blech
Mehl für die Arbeitsfläche

Zubereitungszeit: 1 1/2 Std. (+ 30 Min. Backzeit)
Pro Portion etwa:
2325 kJ / 555 kcal
30 g EW / 15 g F / 75 g KH

Braucht etwas Zeit

1 Das Mehl mit 1 kräftigen Prise Salz mischen. Die Hefe mit etwa 1/8 l lauwarmem Wasser verrühren. Mit dem Öl zum Mehl geben und mit den Knethaken des Handrührgerätes oder mit den Händen gründlich zu einem glatten Teig verkneten. Zugedeckt an einem warmen Ort 1 Std. gehen lassen.

2 Inzwischen die Zwiebel und die Knoblauchzehen schälen und fein hacken. 1 EL Öl in einem Topf erhitzen. Zwiebel und Knoblauch darin andünsten. Das Tomatenfruchtfleisch dazugeben und bei mittlerer Hitze köcheln lassen, bis die Flüssigkeit verdampft ist. Mit Salz, Chilipulver und Oregano würzen. Die Kapern unterrühren. Peperoni in Streifen schneiden, Meeresfrüchte und Peperoni mit dem restlichen Öl mischen.

3 Den Backofen auf 220° (Umluft 200°) vorheizen. Ein rundes oder eckiges Backblech fetten. Den Teig nochmals durchkneten und auf wenig Mehl ausrollen, auf das Blech legen, dabei den Rand etwas dicker formen. Die Tomatensauce daraufgeben. Den Teig im heißen Ofen (Mitte) 15 Min. vorbacken. Danach die Meeresfrüchte darauf verteilen und die Pizza in weiteren 15 Min. fertigbacken. Mit Petersilienblättchen garniert servieren.

Tip: Wer die Pizza für eine größere Runde backen möchte, bereitet die doppelte Menge zu und backt nacheinander 2 Pizzen.

Dazu schmeckt ein leichter Weißwein, z. B. ein Trebbiano oder ein Pitigliano.

Zutaten für 2–4 Personen:

Für den Hefeteig:
250 g Mehl
1/2 Würfel Hefe (20 g)
75 ml lauwarme Milch
1/2 TL Zucker · Salz
2 EL Olivenöl

Für den Belag:
1 Zwiebel · 2 Knoblauchzehen
je 1 rote und gelbe Paprikaschote
2 frische grüne Peperoni
5 EL Olivenöl
1/2 Packung stückige Tomaten (250 g) · Salz · Pfeffer
1/2 TL getrockneter Oregano
500 g küchenfertige Sardinen (ersatzweise tiefgefroren)
3 EL Zitronensaft
1 mittelgroße Tomate
Öl für das Blech
Mehl für die Arbeitsfläche
2 EL frisch gehackte Kräuter (Petersilie, Salbei, Rosmarin)

Zubereitungszeit: 55 Min. (+ 25 Min. Backzeit)
Pro Portion etwa: 2140 kJ / 510 kcal
45 g EW / 29 g F / 19 g KH

Frisch am besten

Sardinen-Tomaten-Pizza

1 Für den Teig das Mehl in eine Schüssel sieben, in die Mitte eine Mulde drücken. Die Hefe hineinkrümeln und mit der Milch verrühren. Den Zucker, 3 Prisen Salz und das Öl auf dem Rand verteilen. Alle Zutaten zu einem glatten Teig verkneten und zugedeckt 1 Std. an einem warmen Ort gehen lassen.

2 Die Zwiebel und den Knoblauch schälen, beides klein würfeln. Die Paprikaschoten waschen, halbieren, putzen und in kleine Würfel schneiden. Die Peperoni waschen, entkernen und kleinschneiden.

3 In einem Topf 3 EL Öl erhitzen, die Zwiebel- und Paprikawürfel darin 3 Min. bei mittlerer Hitze dünsten. Knoblauch, Peperoni und die Tomatenstückchen hinzufügen. Mit Salz, Pfeffer und Oregano würzen und 5 Min. köcheln lassen. Zur Seite stellen und abkühlen lassen.

4 Die Sardinen abspülen, trockentupfen und längs halbieren (tiefgefrorene vorher auftauen lassen). Mit Salz, Pfeffer und Zitronensaft würzen. Die Tomate waschen und halbieren. Den Backofen auf 200° vorheizen. Das Blech fetten.

5 Den Teig nochmals durchkneten, halbieren und auf wenig Mehl zu dünnen Fladen ausrollen. Die Ränder etwas hochdrücken und die Pizzen auf das Blech legen. Die Tomatenmischung auf dem Teig verstreichen und die Sardinenhälften sternförmig darauf legen. In die Mitte jeweils 1/2 Tomate setzen. Mit dem restlichen Öl beträufeln. Die Pizza im heißen Ofen (Mitte, Umluft 180°) 25 Min. backen. Mit den Kräutern bestreuen und heiß servieren.

Tips: Sind die Sardinen noch nicht küchenfertig vorbereitet, Köpfe und Flossen abschneiden. An der Bauchseite längs aufschneiden, ausnehmen und vorsichtig die Mittelgräte herauslösen. Für diese Arbeit müssen Sie etwa 15 Min. mehr Zeit einplanen.

Statt frisch gehackter Kräuter können Sie auch Majoranblättchen nehmen.

Zutaten für 4 Personen:

Für den Hefeteig:
1/2 Würfel Hefe (20 g)
300 g Mehl
Salz
4 EL Olivenöl
Für den Belag:
500 g Lauch
1 Dose Ananas (240 g)
1 EL Olivenöl
1 TL getrocknete Kräuter der Provence
Salz
schwarzer Pfeffer
125 g Mozzarella
150 g gegarte ausgelöste Krabben oder Garnelen
100 g frisch geriebener Appenzeller
Fett für das Blech
Mehl für die Arbeitsfläche
Oregano mit Blüten zum Garnieren

Zubereitungszeit: 1 1/2 Std.
(+ 25 Min. Backzeit)
Pro Portion etwa:
1675 kJ / 400 kcal
25 g EW / 27 g F / 17 g KH

Braucht etwas Zeit

Pizza mit Krabben, Lauch und Ananas

1 Die Hefe mit 150 ml lauwarmem Wasser verrühren. Das Mehl mit der Hefe, 1 kräftigen Prise Salz und dem Öl in einer Schüssel mischen. Mit den Knethaken des Handrührgerätes oder mit den Händen gründlich zu einem glatten Teig verkneten. Den Teig zugedeckt an einem warmen Ort 1 Std. gehen lassen.

2 Inzwischen den Lauch putzen, längs halbieren und gründlich waschen. Dann in feine Streifen schneiden. Ananas abtropfen lassen und in kleine Würfel schneiden. Das Öl in einer Pfanne erhitzen. Den Lauch darin andünsten. Kräuter dazugeben, mit Salz und Pfeffer würzen. Den Mozzarella in 1 cm große Würfel schneiden.

3 Den Backofen auf 220° vorheizen. Das Backblech fetten. Den Hefeteig auf wenig Mehl nochmals durchkneten. Dann möglichst oval ausrollen und auf das Backblech legen, dabei den Rand etwas dicker formen.

4 Lauch, Ananas und Krabben daraufgeben. Die Mozzarellawürfel und den Appenzeller darüber streuen. Die Pizza im Ofen (Mitte, Umluft 200°) 25 Min. backen. Mit Oreganoblättchen und -blüten garnieren.

Tip: Wer gerne pikant ißt, mischt 1 feingehackte Chilischote mit unter den Belag. Außerdem passen 2–3 EL Crème fraîche gut zum Belag, sie machen ihn cremiger!

Dazu paßt am besten ein kräftiger Weißwein, z. B. ein Grüner Veltliner.

Garnelenquiche mit Currysahne

Zutaten für 4 Personen:
Für den Mürbeteig:
100 g Butter
5 EL Weißwein
200 g Mehl
1 TL Salz
Für den Belag:
250 g ungegarte geschälte Tiefseegarnelen
2 EL Zitronensaft
1 Bund Petersilie
1 kleines Bund Koriandergrün
Salz
Pfeffer
2 Schalotten
1 EL Butter
2 Eier
1 gehäufter EL Currypulver
250 g Sahne
Mehl für die Arbeitsfläche
Und: 1 feuerfeste Form von 26 cm ø

Zubereitungszeit: 50 Min.
(+ 30 Min. Backzeit)
Pro Portion etwa:
2785 kJ / 665 kcal
23 g EW / 43 g F / 45 g KH

Für Gäste

1 Die Butter in einen kleinen Topf geben und bei schwacher Hitze schmelzen. Den Topf vom Herd nehmen und den Weißwein dazugießen. Das Mehl und das Salz untermischen und mit den Knethaken des Handrührgerätes zu einem geschmeidigen Teig verarbeiten. Zugedeckt 30 Min. kühl stellen.

2 Inzwischen die Tiefseegarnelen in eine Schüssel geben und mit dem Zitronensaft beträufeln. Die Petersilie und den Koriander waschen, einige Blättchen beiseite legen, den Rest fein hacken. Beides zu den Garnelen geben, mit Salz und Pfeffer würzen und gut mischen.

3 Die Schalotten schälen und fein hacken. Die Butter in einer Pfanne erhitzen und die Schalotten darin glasig dünsten. Vom Herd nehmen. Die Eier in eine Schüssel aufschlagen, den Curry und die Sahne dazugeben, gut verrühren und mit Salz und Pfeffer würzen. Den Backofen auf 200° vorheizen.

4 Den Teig auf wenig Mehl rund ausrollen, in die Form legen und einen 3 cm hohen Rand formen. Die Garnelen und die Schalotten darauf verteilen und mit der Eiermischung übergießen. Im Backofen (Mitte, Umluft 180°) 30 Min. backen. Mit den übrigen Kräuterblättchen garnieren.

Lachs-Pie

Zutaten für 6 Personen:

Für den Mürbeteig:
300 g Mehl
1 1/2 TL Salz
1 Ei
125 g kalte Butter
Für die Füllung:
2 Schalotten
1 TL Öl
600 g Tiefkühl-Spinat
Salz
schwarzer Pfeffer
150 g Räucherlachs
3 Frühlingszwiebeln
300 g Crème fraîche
3 Eier
Butter für die Form
Mehl für die Arbeitsfläche
Dillspitzen zum Garnieren
Und: 1 Pieform von 25 cm ø

Zubereitungszeit: 1 1/2 Std.
(+ 40 Min. Backzeit)
Pro Portion etwa:
2660 kJ / 635 kcal
18 g EW / 43 g F / 46 g KH

Braucht etwas Zeit

Dazu paßt ein kräftiger Weißwein oder ein Rosé.

1 Das Mehl auf die Arbeitsfläche geben, eine Mulde formen. Salz, Ei und 3 EL eiskaltes Wasser hineingeben, Butter in Flöckchen am Rand verteilen. Alles mit einem großen Messer durchhacken, dann rasch verkneten. Den Teig zur Kugel formen und zugedeckt mindestens 1 Std. kühl stellen.

2 Inzwischen für die Füllung die Schalotten schälen und klein würfeln. Das Öl in einem breiten Topf leicht erhitzen, die Schalotten darin glasig werden lassen. Den Spinat dazugeben und unter häufigem Rühren bei schwacher Hitze zugedeckt auftauen lassen. Den Spinat dann offen bei starker Hitze einige Minuten köcheln lassen, damit Feuchtigkeit verdampfen kann. Salzen und pfeffern, abkühlen lassen.

3 Den Backofen auf 200° (Umluft 180°) vorheizen. Die Pieform fetten. Den Teig auf wenig Mehl rund ausrollen und die Form damit auskleiden. Überstehenden Teig abschneiden und beiseite legen.

4 Den Teigrand mit einem schmalen Streifen Alufolie am Rand der Form befestigen. Den Teigboden mit einer Gabel mehrfach einstechen. Die Pie im Ofen (Mitte) 10 Min. vorbacken.

5 Den Lachs kleinschneiden. Die Frühlingszwiebeln putzen, waschen und in sehr feine Ringe schneiden. Beides zum Spinat geben. Den abgeschnittenen Teig erneut dünn ausrollen, 1 cm breite Streifen mit einem Teigrädchen ausschneiden. Mit einem Ausstecher ein rundes Teigstück ausstechen.

6 Die Pie aus dem Ofen nehmen, die Alufolie entfernen. Die Spinatmischung auf den Teig geben. Die Crème fraîche mit 2 Eiern, Salz und Pfeffer verquirlen und darüber träufeln. Mit den Teigstreifen in einem Gittermuster belegen. Das dritte Ei verquirlen, den Kuchen damit bestreichen und ihn im Ofen noch 30 Min. backen. Die Lachs-Pie mit Dillspitzen garniert servieren.

Tips: Mürbeteig muß gekühlt werden, darf aber nicht zu fest werden, damit er noch geschmeidig genug ist, um sich gut ausrollen zu lassen. Je länger er im Kühlschrank ist, desto fester wird er. Wenn Sie Mürbeteig Stunden vor dem Belegen und Backen vorbereiten wollen, machen Sie das am besten so: Sie rollen ihn gleich zwischen zwei Lagen Klarsichtfolie aus, legen ihn in die Form legen und stellen ihn so kühl. Oder Sie müssen ihn vor dem Ausrollen noch einmal kräftig durchkneten, bis er geschmeidig genug ist.

Statt Räucherlachs können Sie für die Füllung auch Nordseekrabben oder mild geräucherten Schinken nehmen.

Wer die Pie mit frischem Spinat zubereiten möchte, braucht gut 1 kg feinen Blattspinat. Diesen in kochendem Salzwasser 1 Min. blanchieren, kalt abschrecken und sehr gut abtropfen lassen. Dann mit den Schalotten andünsten und die Flüssigkeit verdampfen lassen.

Damit der Teig nicht abrutscht, wird er mit einem Streifen Alufolie am Rand befestigt. Dann einstechen.

Schön gerade werden die Teigstreifen, wenn Sie ein Lineal zur Hilfe nehmen.

Die Teigstreifen auf die Spinatmischung geben, das runde Teigstück in die Mitte legen, mit Ei bepinseln.

Zutaten für 4 Personen:

5 Scheiben Tiefkühl-Blätterteig (300 g)
500 g Spinat
Salz
frisch geriebene Muskatnuß
400 ml Fischfond
1/2 TL rosa oder grüne Pfefferkörner
1 TL Anissamen
1 Lorbeerblatt
250 g Seeteufel
2 Eier
150 g Crème double
1 Döschen gemahlener Safran
Mehl für die Arbeitsfläche
Fett für die Form
Und: 1 feuerfeste Form von 30 cm ø

Zubereitungszeit: 1 Std. (+ 20 Min. Backzeit)
Pro Portion etwa: 2750 kJ / 660 kcal
24 g EW / 43 g F / 41 g KH

Gelingt leicht

Spinatquiche mit Seeteufel

1 Die Blätterteigplatten nebeneinander in 20 Min. auftauen lassen. Den Spinat verlesen und waschen. Tropfnaß in einem Topf bei starker Hitze zusammenfallen lassen. Den Spinat auspressen und grob hacken. Dann mit Salz und Muskat würzen.

2 Den Fischfond mit Pfefferkörnern, Anissamen und Lorbeerblatt erhitzen. Den Seeteufel hineinlegen, er soll knapp bedeckt sein. 10 Min. auf der abgeschalteten Kochplatte zugedeckt ziehen lassen.

3 Den Backofen auf 200° vorheizen. Die Form kalt ausspülen. Den Seeteufel grob zerpflücken. Den Fischfond sieben. 1/8 l abmessen. Die Eier mit Crème double, Fischfond und Safran verrühren. Mit Salz würzen.

4 Die Blätterteigplatten aufeinanderlegen. Auf wenig Mehl zu einer runden Platte ausrollen. Boden und Rand der Form damit auslegen. Aus den Resten Teigstreifen schneiden. Spinat und Seeteufel darauf verteilen, mit Teigstreifen belegen. Den Guß darüber gießen. Die Quiche im heißen Ofen (Mitte, Umluft 175°) 25 Min. backen.

Lachs-Spargel-Quiche

1 Die Blätterteigplatten nebeneinander auftauen lassen. Den grünen Spargel nur am unteren Drittel schälen, die weißen Spargelstangen ganz schälen. Spargel waschen, in etwa 3 cm lange Stücke schneiden. Reichlich Salzwasser zum Kochen bringen, mit dem Zucker und der Butter würzen. Weißen Spargel im kochenden Wasser 5 Min. blanchieren, dann den grünen Spargel dazugeben und alles weitere 3 Min. blanchieren. Kalt abschrecken, gut abtropfen lassen.

2 Den Lachs in dünne Streifen schneiden. Dill und Petersilie fein hacken. Den Lachs mit Zitronensaft, Pfeffer und Kräutern würzen, alles gut durchmischen. Den Backofen auf 180° vorheizen.

3 Die Eier mit Sahne und Crème fraîche verquirlen, mit etwas Salz und Pfeffer würzen. Den Blätterteig auf wenig Mehl rund ausrollen. In die kalt ausgespülte Form legen und einen etwa 2 cm hohen Rand andrücken. Spargel und Lachs auf dem Teig verteilen und mit der Eiersahne begießen. Die Quiche im heißen Ofen (Mitte, Umluft 160°) 45 Min. backen. Mit Dillblüten garnieren.

Zutaten für 4–6 Personen:

5 Scheiben Tiefkühl-Blätterteig (300 g)
250 g grüner Spargel
250 g weißer Spargel · Salz
1 TL Zucker · 1 TL Butter
150 g frischer Lachs oder Räucherlachs
je 1 Bund Dill und Petersilie
1 EL Zitronensaft
weißer Pfeffer · 4 Eier
100 g Sahne
100 g Crème fraîche
Mehl für die Arbeitsfläche
Dillblüten zum Garnieren
Und: 1 feuerfeste Form von 26 cm ø

Zubereitungszeit: 30 Min. (+ 45 Min. Backzeit)
Bei 6 Personen pro Portion etwa: 1970 kJ / 470 kcal
14 g EW / 35 g F / 27 g KH

Schnell

Zutaten für 4 Personen:

Für den Mürbeteig:
200 g Mehl
1 Ei
1 Prise Salz
100 g kalte Butter
Für den Belag:
3 Bund Frühlingszwiebeln
2 EL Butter
Salz
Pfeffer
200 g Räucherlachs in Scheiben
250 g Crème fraîche
2 Eier
1 Prise Cayennepfeffer
Mehl für die Arbeitsfläche
Und: 1 feuerfeste Form von 26 cm ø

Zubereitungszeit: 50 Min.
(+ 30 Min. Backzeit)
Pro Portion etwa:
3135 kJ / 750 kcal
18 g EW / 55 g F / 45 g KH

Für Gäste

Frühlingszwiebeltarte mit Räucherlachs

1 Das Mehl auf die Arbeitsfläche geben, eine Mulde formen. Ei und Salz hineingeben, Butter in Flöckchen am Rand verteilen. Alles mit einem Messer durchhacken, dann rasch zu einem geschmeidigen Teig verkneten. Zugedeckt 30 Min. kühl stellen.

2 Inzwischen die Frühlingszwiebeln putzen, gründlich waschen und mit dem zarten Grün in schmale Ringe schneiden. In einer breiten Pfanne die Butter schmelzen und die Frühlingszwiebelringe darin 2–3 Min. dünsten. Mit Salz und Pfeffer würzen und abkühlen lassen.

3 Den Räucherlachs in schmale Streifen schneiden und mit den Frühlingszwiebeln in einer Schüssel mischen. Die Crème fraîche und die Eier verrühren, mit Salz, Pfeffer und Cayennepfeffer würzen. Den Backofen auf 200° vorheizen.

4 Den Teig auf wenig Mehl rund ausrollen, in die Form legen und einen 3 cm hohen Rand formen. Die Frühlingszwiebel-Räucherlachs-Mischung gleichmäßig auf dem Teig verteilen. Mit der Eiermischung übergießen und im Backofen (Mitte, Umluft 180°) 30 Min. backen.

Tips: Anstelle von Frühlingszwiebeln können Sie auch zarten Lauch oder Kohlrabi bzw. weiße Rübchen verwenden.

Die Tarte als Vorspeise für 8 Personen in kleine Stücke schneiden und mit einem feinen Blattsalat anrichten.

Tip: Ganz besonders würzig schmeckt die Tarte, wenn Sie nicht nur das zarte, sondern auch das dunkle Grün der Frühlingszwiebeln verwenden. Es enthält auch die meisten Nährstoffe.

Zutaten für 4 Personen:

4 Scheiben Tiefkühl-Blätterteig (350 g)
1 EL Butter
2 EL Weißwein
300 g Schollenfilet
1/2 frische grüne Chilischote
Salz
1 Prise gemahlener Koriander
1 EL Orangensaft
300 g Tomaten
2 EL Öl
1 Prise Chilipulver
Pfeffer
1 großes Bund Basilikum
80 g Mascarpone
30 g Parmesan
Mehl für die Arbeitsfläche
1 Fisch-Ausstechförmchen
1 Eigelb zum Bestreichen
Und: 1 feuerfeste Form von 28 cm ø

Zubereitungszeit: 45 Min.
(+ 25–30 Min. Backzeit)
Pro Portion etwa:
1165 kJ / 280 kcal
17 g EW / 21 g F / 6 g KH

Frisch am besten

Schollentarte mit Basilikumcreme

1 Die Blätterteigplatten nebeneinander legen und zugedeckt auftauen lassen.

2 Die Butter zerlassen, den Wein dazugeben. Die Schollenfilets darin bei schwacher Hitze 3 Min. ziehen lassen. Herausnehmen. Die Chilischote waschen, entkernen und fein würfeln. Salz, Koriander und Chilischote mit dem Orangensaft mischen. Die Schollenfilets damit beträufeln. Zugedeckt 20 Min. ziehen lassen.

3 Die Stielansätze der Tomaten entfernen. Die Tomaten überbrühen, häuten und klein würfeln. Das Öl erhitzen und die Tomaten dazugeben, mit Chilipulver, Salz und Pfeffer würzen und bei schwacher Hitze köcheln lassen, bis die Flüssigkeit verdampft ist.

4 Für die Basilikumcreme das Basilikum waschen, die Blättchen in Streifen schneiden. Mascarpone mit Basilikumblättchen und Parmesan pürieren. Mit etwas Salz und Pfeffer würzen.

5 Den Backofen auf 220° vorheizen. Die Form kalt ausspülen. Jeweils 2 Blätterteigplatten aufeinanderlegen und auf wenig Mehl zu dünnen, runden Platten ausrollen. Den Boden und Rand der Form mit einer Platte belegen.

6 Schollenfilets in 4 cm breite Streifen schneiden. Tomaten und Fischstücke auf den Boden geben. Basilikumcreme darübergeben. Mit dem Teigdeckel verschließen. Den Rand mit etwas Wasser ankleben.

7 Den Teigdeckel mit der Gabel einstechen. Eigelb mit etwas Wasser verrühren und die Oberfläche damit bestreichen. Die Tarte im Ofen (Mitte, Umluft 200°) 25–30 Min. backen. Warm servieren.

Dazu paßt am besten ein fruchtiger Weißwein, z. B. ein Sauvignon.

Zutaten für 4–6 Personen:

Für den Mürbeteig:
250 g Mehl
Salz
1 Ei
150 g Butter
Für den Belag:
1/4 l Milch
2 geräucherte Forellenfilets mit Haut (350 g)
1 Bund Frühlingszwiebeln
150 g Crème fraîche
2 Eigelbe
Salz
weißer Pfeffer
frisch geriebene Muskatnuß
20 g Butter
Mehl für die Arbeitsfläche
Und: 1 feuerfeste Form von 26 cm ø

Zubereitungszeit: 50 Min. (+ 35 Min. Backzeit)
Bei 6 Personen pro Portion etwa: 2512 kJ / 600 kcal
21 g EW / 41 g F / 36 g KH

Schmeckt auch kalt

Forellenquiche

1 Für den Teig das Mehl mit 1 Prise Salz auf die Arbeitsfläche geben. In die Mitte eine Mulde drücken. Das Ei hineingeben, die Butter in Flöckchen am Rand verteilen. Alles mit einem Messer durchhacken, dann schnell zu einem glatten Teig verarbeiten. In Klarsichtfolie wickeln und 30 Min. kühl stellen.

2 Inzwischen die Milch in einen Topf geben und erwärmen. Die Forellenfilets mit der Haut darin kurz aufkochen lassen, dann 5 Min. darin ziehen lassen. Die Filets herausnehmen, die Haut abziehen und die Filets in Stücke schneiden. Die Garflüssigkeit durch ein Sieb geben. Die Frühlingszwiebeln putzen, gründlich waschen und mit dem Grün in dünne Ringe schneiden.

3 Den Backofen auf 200° vorheizen. Die Crème fraîche mit den Eigelben und 1/8 l Garflüssigkeit von den Forellenfilets verrühren. Mit Salz, Pfeffer und Muskat würzen.

4 Den Teig auf wenig Mehl rund ausrollen, in die Form geben, dabei einen 2 cm hohen Rand formen. Frühlingszwiebeln und Forellenstücke auf den Teig geben. Den Guß darüber gießen und mit Butterflöckchen belegen. Die Quiche im heißen Ofen (Mitte, Umluft 175°) 35 Min. backen.

Dazu schmeckt ein kräftiger Weißwein, z. B. ein Chardonnay aus Kalifornien.

FLEISCH UND GEFLÜGEL

Zutaten für 4 Personen:

Für den Quark-Öl-Teig:
175 g Mehl
1/2 TL Salz
125 g Magerquark
3 EL Öl
Für den Belag:
2 Frühlingszwiebeln
1 Dose Maiskörner (400 g)
70 g gekochter Schinken
70 g frisch geriebener Gouda
2 Eier
200 ml Milch
Cayennepfeffer
Salz
Öl für die Förmchen
Mehl für die Arbeitsfläche
Und: 8 feuerfeste Förmchen von 10–12 cm ø

Zubereitungszeit: 1 Std.
(+ 25 Min. Backzeit)
Pro Portion etwa:
2010 kJ / 480 kcal
22 g EW / 21 g F / 54 g KH

Preiswert

Mais-Schinken-Törtchen

1 Für den Teig die Zutaten mit 1–2 EL eiskaltem Wasser gründlich verkneten, bis der Teig gut zusammenhält und schön geschmeidig ist. Zugedeckt mindestens 30 Min. kühl stellen.

2 Inzwischen für den Belag die Frühlingszwiebeln putzen, waschen und in sehr feine Ringe schneiden. Den Mais abtropfen lassen. Den Schinken in kleine Würfel schneiden. Zwiebeln, Mais und Schinken mischen.

3 Den Backofen auf 225° vorheizen. Die Förmchen mit Öl ausstreichen. Den Teig auf wenig Mehl noch einmal durchkneten. In 8 Portionen teilen, jeweils rund ausrollen und die Förmchen damit auskleiden. Die Teigböden mit einer Gabel mehrmals einstechen.

4 Die Maismischung in die Törtchen verteilen, mit dem Käse bestreuen. Die Eier mit der Milch verquirlen, mit Cayennepfeffer und etwas Salz würzen und über den Käse träufeln. Die Törtchen im Ofen (Mitte; Umluft 200°) 25 Min. backen.

Tip: Möglichst Förmchen mit herausnehmbarem Boden verwenden, dann bekommen Sie die Törtchen garantiert heil auf den Teller. Auch beschichtete Förmchen erleichtern das Herauslösen.

Zutaten für 6–8 Personen:

Für den Hefeteig:
12 g frische Hefe · 300 g Mehl
2 EL Olivenöl · 1 TL Salz
Für die Tomatensauce:
1 Zwiebel
2 Knoblauchzehen
2 EL Olivenöl
500 g passierte Tomaten (Tetrapack)
1 1/2 EL Tomatenmark
Salz · schwarzer Pfeffer
1 Prise Zucker
Für den Belag:
150 g grüne paprikagefüllte Oliven
250 g Mozzarella
125 g dünne Salamischeiben
Mehl für die Arbeitsfläche
Öl für das Blech

Zubereitungszeit: 1 1/4 Std. (+ 30–40 Min. Backzeit)
Bei 8 Personen pro Portion etwa: 1585 kJ / 380 kcal
16 g EW / 18 g F / 39 g KH

Für die große Runde

Salami-Minipizzen

1 Die Hefe in einer Tasse mit 150 ml lauwarmem Wasser glattrühren, mit den übrigen Zutaten für den Teig glatt verkneten. Den Teig zu einer Kugel formen und leicht mit Mehl bestäuben, zugedeckt an einem warmen Ort 1 Std. ruhen lassen.

2 Inzwischen für die Tomatensauce die Zwiebel und den Knoblauch schälen und fein würfeln. Das Öl in einem Topf erhitzen, die Zwiebel und den Knoblauch darin glasig werden lassen. Die passierten Tomaten und das Tomatenmark einrühren, mit Salz, Pfeffer und Zucker würzen. Offen bei mittlerer Hitze leicht dicklich einkochen lassen.

3 Den Backofen auf 250° (Umluft 220°) vorheizen. Die Oliven halbieren, den Mozzarella in sehr dünne Scheiben schneiden. Den Teig in 18 Portionen teilen. Nach und nach die Hefekugeln auf wenig Mehl zu kleinen Kreisen (10–12 cm Durchmesser) ausrollen und auf ein geöltes Blech legen. Mit Tomatensauce bestreichen und mit Salami, Oliven und Mozzarella belegen. Die Pizzen in 3 bis 4 Portionen im Ofen (unten) jeweils 10 Min. backen.

Tip: Feigen sollten Sie nur schälen, wenn die Haut sehr dick ist. Ungeschält sind sie aromatischer und behalten ihre Form besser.

Minipizzen mit Schinken und Feigen

1 Den Quark in ein Tuch geben und ausdrücken. Dann mit 1/2 TL Salz, Öl, Ei und Eigelb verrühren. Das Mehl mit dem Backpulver dazusieben und alles zu einem glatten Teig verarbeiten. Den Teig 30 Min. kühl stellen.

2 Die Feigen waschen oder schälen, halbieren und quer in dünne Scheiben schneiden. Den Schinken in Streifen schneiden. Den Schmand mit dem Käse mischen. Den Backofen auf 200° vorheizen. Das Blech fetten.

3 Den Teig auf wenig Mehl nochmals durchkneten. Zu einer Rolle formen und in Scheiben schneiden. Daraus kleine Pizzen formen, dabei die Ränder etwas hochdrücken und auf das vorbereitete Blech legen.

4 Die Feigen und den Schinken darauf verteilen, auf jede Pizza etwas Schmandmischung geben. Mit Pfeffer bestreuen und im Ofen (Mitte, Umluft 180°) 30 Min. backen (eventuell die Oberfläche mit Alufolie abdecken).

Zutaten für 4 Personen:

Für den Quark-Öl-Teig:
100 g Magerquark
1/2 TL Salz · 2 EL Olivenöl
1 Ei · 1 Eigelb · 200 g Mehl
1 1/2 TL Backpulver
Für den Belag:
6 frische Feigen
150 g Parmaschinken
200 g Schmand (ersatzweise Crème fraîche)
80 g frisch geriebener Parmesan
schwarzer Pfeffer
Öl für das Blech
Mehl für die Arbeitsfläche

Zubereitungszeit: 40 Min. (+ 30 Min. Backzeit)
Pro Portion etwa:
2510 kJ / 600 kcal
28 g EW / 29 g F / 57 g KH

Schmeckt auch kalt

Frühlingsquiche mit Schinken

Zutaten für 4–6 Personen:

Für den Mürbeteig:
300 g Mehl
1 Ei · 1 Eigelb
Salz
3 EL Milch
100 g kalte Butter
Für den Belag:
100 g Schafkäse
500 g Quark · 4 Eier
je 1/2 Handvoll junge Bärlauchblätter (ersatzweise 2 Knoblauchzehen) und Sauerampfer
je 1 Bund Frühlingszwiebeln, Schnittlauch, Petersilie
250 g gekochter Schinken in dicken Scheiben
Salz · Pfeffer · Cayennepfeffer
1 Kästchen Gartenkresse
Pergamentpapier und Hülsenfrüchte zum Blindbacken
Und: 1 feuerfeste Form von 28 cm ø

Zubereitungszeit: 1 Std. (+ 1 Std. 10 Min. Backzeit)
Bei 6 Personen pro Portion etwa: 2675 kJ / 640 kcal
33 g EW / 35 g F / 52 g KH

Schmeckt auch kalt

1 Für den Mürbeteig das Mehl auf eine Arbeitsfläche sieben und in die Mitte eine Mulde drücken. Ei, Eigelb, 2 Prisen Salz und die Milch hineingeben. Die Butter in kleinen Flöckchen auf dem Rand verteilen und alles mit einem großen Messer bröselig hacken. Die Zutaten rasch zu einem glatten Teig verkneten und auf wenig Mehl in Formgröße ausrollen. Den Teig in die Form legen, dabei einen Rand von 4 cm hochdrücken, mindestens 30 Min. kühl stellen.

2 Inzwischen den Schafkäse fein zerbröseln und mit dem Quark in eine große Schüssel geben. Die Eier hinzufügen und alles verrühren. Bärlauch und Sauerampfer verlesen, waschen und kleinschneiden (ersatzweise den Knoblauch schälen und durchpressen). Die Frühlingszwiebeln putzen, waschen und mit dem Grün in dünne Ringe schneiden. Schnittlauch und Petersilie waschen, trockenschütteln und fein hacken. Den Backofen auf 200° (Umluft 180°) vorheizen.

3 Den Schinken in kleine Würfel schneiden. Frühlingszwiebeln, Kräuter (Knoblauch) und Schinken unter den Quark mischen und alles mit Salz, Pfeffer und Cayennepfeffer pikant abschmecken.

4 Den Teigboden mit Papier und Hülsenfrüchten bedeckt im heißen Ofen (Mitte) 10 Min. blind backen. Anschließend die Quarkmischung auf dem Teig verstreichen und die Quiche im Ofen 1 Std. backen. Die Kresse vom Beet schneiden und die fertige, etwas abgekühlte Quiche damit bestreuen.

Dazu schmeckt ein gemischter Salat.

Das besondere Rezept !

Frühlingszwiebeln und die ersten frischen Kräuter aus dem Freiland kündigen den Frühling an und geben dieser Quiche ihr ganz besonderes Aroma. Zusammen mit gekochtem Schinken, Quark und Schafkäse wird aus diesen Zutaten eine würzige köstliche Quiche, die Ihren Gästen schmecken wird. Sie können sie aber auch für ein Picknick oder ein Buffet zubereiten, denn sie schmeckt auch kalt ganz ausgezeichnet.
Wenn Sie die Quiche als Hauptgang in einem Menü servieren, bieten Sie zum Beispiel davor frisch gekochten Spargel mit einer würzigen Kräuter-Vinaigrette an und danach Erdbeeren mit einer Sauce aus Mascarpone, Sahne und Puderzucker. Als Getränk paßt ein kräftiger Weißwein, z. B. ein Chardonnay oder auch ein kühler Rosé.

Putenquiche mit Fenchel

Zutaten für 4–6 Personen:

Für den Quarkteig:
300 g Mehl
125 kalte Butter
125 g Magerquark
1 Prise Salz
je 1 TL getrockneter Oregano und Thymian
Für den Belag:
500 g Putenschnitzel
3 EL Olivenöl
2 Knoblauchzehen
Salz
Pfeffer
1 Prise Paprika, rosenscharf
500 g Fenchel
5 EL trockener Weißwein
2 Eier
300 g Crème fraîche
100 g frisch geriebener Comté
150 g möglichst kleine schwarze Oliven
Fett für die Form
Mehl für die Arbeitsfläche
Und: 1 feuerfeste Form von 26 cm ø

Zubereitungszeit: 45 Min.
(+ 40–45 Min. Backzeit)
Bei 6 Personen pro Portion etwa:
2250 kJ / 555 kcal
25 g EW / 36 g F / 32 g KH

Preiswert

1 Das Mehl in eine Schüssel füllen. Die Butter in Würfel schneiden und mit dem Quark, dem Salz, Oregano und Thymian zum Mehl geben. Mit den Knethaken des Handrührgeräts einen geschmeidigen Teig kneten und 30 Min. kühl stellen.

2 Das Putenfleisch in 2 cm breite, nicht zu lange Streifen schneiden. 2 EL Öl in einer weiten Pfanne erhitzen und die Putenstreifen darin bei mittlerer Hitze 3 Min. braten. Den Knoblauch schälen und dazupressen, alles mit Salz, Pfeffer und Paprika kräftig würzen. Die Pfanne vom Herd nehmen.

3 Den Fenchel waschen und putzen, dabei das Grün beiseite stellen. Den Fenchel in schmale Streifen schneiden. In dem restlichen Olivenöl andünsten, mit Salz und Pfeffer würzen, den Weißwein dazugeben und den Fenchel zugedeckt bei mittlerer Hitze 5 Min. garen.

4 Den Backofen auf 200° vorheizen. Die Form fetten. Die Eier mit der Crème fraîche und dem Käse verquirlen. Mit Salz und Pfeffer würzen.

5 Den Teig auf wenig Mehl rund ausrollen, in die Form legen und einen 3 cm hohen Rand formen. Den Fenchel unter die Putenstreifen mischen und mit den Oliven auf dem Teigboden verteilen. Mit der Eiermischung übergießen und im Backofen (Mitte, Umluft 180°) 40–45 Min. backen. Vor dem Servieren mit Fenchelgrün garnieren.

Zutaten für 4–6 Personen:

Für den Quark-Öl-Teig:
150 g Magerquark
4 EL Milch
6 EL Öl · 1/2 TL Salz
300 g Mehl
2 TL Backpulver
Für den Belag:
800 g Putenbrustfilet
Saft und Schale von 1/2 unbehandelten Zitrone
2 Knoblauchzehen
Salz · Pfeffer · Cayennepfeffer
4 EL Sojasauce
400 g Champignons
1 Zwiebel
2 EL Butter
2 Eier
100 g Joghurt
100 g Greyerzer
100 g Pistazienkerne
Öl für das Blech
Mehl für die Arbeitsfläche

Zubereitungszeit: 1 Std. (+ 35–40 Min. Backzeit)
Pro Portion etwa: 2710 kJ / 650 kcal
50 g EW / 28 g F / 50 g KH

Für Gäste

Champignon-Puten-Pizza

1 Den Quark in ein Tuch geben und auspressen. Dann mit Milch, Öl und Salz verrühren. Das Mehl und das Backpulver dazusieben, alles zu einem glatten Teig verkneten und zugedeckt 30 Min. kühl stellen.

2 Inzwischen das Putenfleisch in dünne Streifen schneiden und mit der Zitronenschale und dem -saft vermischen. Den Knoblauch schälen und dazupressen. Alles mit Salz, Pfeffer, Cayennepfeffer und Sojasauce pikant würzen. Abdecken und zur Seite stellen.

3 Die Champignons putzen und fein hacken. Die Zwiebel schälen und in kleine Würfel schneiden. Die Butter in einer Pfanne erhitzen, Zwiebelwürfel und Pilze darin bei mittlerer Hitze 5 Min. andünsten. Mit Salz und Pfeffer abschmecken. Den Backofen auf 200° vorheizen. Das Blech fetten.

4 Die Eier mit dem Joghurt verrühren. Den Käse dazureiben und alles mit dem Putenfleisch vermischen. Den Teig nochmals durchkneten, halbieren, auf wenig Mehl zu 2 Pizzen ausrollen und die Ränder leicht hochdrücken. Auf das Blech legen, den Boden mit einer Gabel mehrmals einstechen.

5 Die Pilzmasse auf die Pizzen streichen und die Putenmischung gleichmäßig darauf verteilen. Die Pistazien halbieren und darüber streuen. Die Pizza im heißen Ofen (Mitte, Umluft 180°) 35–40 Min. backen.

Dazu paßt ein kühles Bier am besten.

Zutaten für 6–8 Personen:

Für den Hefeteig:
500 g Mehl
1/4 l Milch
1 Würfel Hefe (42 g)
1 TL Salz
100 g Butter oder Margarine
Für den Belag:
300 g Champignons
400 g Jagdwurst am Stück
100 g Salami am Stück
3 mittelgroße Zwiebeln
2 EL Butter
Salz · Pfeffer
600 g Tomaten
3 hellgrüne Spitzpaprika oder 2 gelbe Paprikaschoten
8 EL Ketchup
je 1 TL getrockneter Thymian und Oregano
300 g Emmentaler
Fett für das Blech
Oreganoblättchen zum Garnieren

Zubereitungszeit: 1 1/4 Std. (+ 50 Min. Backzeit)
Bei 8 Personen pro Portion etwa: 3215 kJ / 770 kcal
33 g EW / 41 g F / 68 g KH

Für die große Runde

Bunte Familienpizza

1 Das Mehl in eine Schüssel sieben. Die Milch leicht erwärmen, die Hefe darin auflösen. Hefemilch, Salz und die Butter oder Margarine in kleinen Stückchen zum Mehl geben. Alles rasch zu einem glatten Teig verkneten. Zu einem Kloß formen, leicht mit Mehl bestäuben und an einem warmen Ort 1 Std. gehen lassen.

2 Inzwischen die Pilze putzen und in Scheiben schneiden. Beide Wurstsorten in kleine Würfel schneiden. Die Zwiebeln schälen und in Ringe schneiden. In einer Pfanne die Butter erhitzen, die Pilze und Zwiebeln darin bei mittlerer Hitze 5 Min. dünsten. Mit Salz und Pfeffer würzen. Die Tomaten waschen, trockenreiben und in Scheiben schneiden. Die Paprikaschoten waschen, halbieren, putzen und in dünne Streifen schneiden. Den Backofen auf 240° (Umluft 220°) vorheizen.

3 Das Blech fetten. Den Teig nochmals durchkneten, auf dem Blech ausrollen und die Ränder etwas hochdrücken. Den Teigboden mit dem Ketchup bestreichen. Die Wurstwürfel darauf verteilen und mit Thymian und Oregano würzen. Darauf die Champignons und Zwiebeln verteilen. Mit den Tomatenscheiben belegen und die Paprikastreifen dazwischen geben. Mit Salz und Pfeffer würzen.

4 Die Pizza im heißen Ofen (Mitte) 10 Min. backen. Danach die Hitze auf 200° (Umluft 180°) reduzieren und die Pizza weitere 30 Min. backen.

5 Inzwischen den Käse in Streifen schneiden, die Pizza mit dem Käse bestreuen und in 10 Min. goldbraun fertigbacken. Mit Oregano garniert servieren.

Servieren Sie dazu Mineralwasser oder Bier.

Hackfleisch-Champignon-Quiche

Zutaten für 4–6 Personen:

1 Brötchen vom Vortag
200 g Champignons
60 g durchwachsener Räucherspeck
2 mittelgroße Zwiebeln
3 Knoblauchzehen
1 Bund Petersilie
7 Scheiben Tiefkühl-Blätterteig (450 g)
1 EL Butterschmalz
Salz
Pfeffer
700 g gemischtes Hackfleisch
2 Eier
Cayennepfeffer
je 1/4 TL Kümmel, getrockneter Oregano und getrockneter Majoran
Streuwürze nach Belieben
Mehl für die Arbeitsfläche
1 Eigelb zum Bestreichen
Und: 1 feuerfeste Form von 26 cm ø

Zubereitungszeit: 1 Std. (+ 1 Std. Backzeit)
Bei 6 Personen pro Portion etwa: 3290 kJ / 785 kcal
30 g EW / 56 g F / 40 g KH

Braucht etwas Zeit

1 Das Brötchen in heißem Wasser einweichen. Die Champignons putzen und in kleine Würfel schneiden. Den Speck klein würfeln. Die Zwiebeln und den Knoblauch schälen und fein hacken. Die Petersilie waschen und die Blättchen fein schneiden. Die Blätterteigplatten nebeneinander legen und zugedeckt in 20 Min. auftauen lassen.

2 Das Schmalz in einer Pfanne erhitzen, den Speck darin bei mittlerer Hitze anbraten. Die Zwiebeln hinzufügen und unter Rühren mitbraten, anschließend Champignons, Knoblauch und Petersilie dazugeben, mit Salz und Pfeffer würzen und 3 Min. durchbraten.

3 Das Brötchen ausdrücken. Mit dem Hackfleisch, den Eiern und den Pilzen vermischen. Die Masse mit Salz, Pfeffer, Cayennepfeffer, Kümmel, Oregano, Majoran und eventuell Streuwürze pikant abschmecken. Den Backofen auf 200° vorheizen.

4 300 g Blätterteig auf etwas Mehl in Größe der Form ausrollen. Die Form kalt ausspülen, nicht abtrocknen. Den Teig in die Form legen, dabei einen Rand von 3 cm hochziehen. Das Hackfleisch auf dem Teig verteilen und den Teigrand auf das Hackfleisch umklappen.

5 Den restlichen Blätterteig ebenfalls in Formgröße ausrollen, mit einem spitzen Messer oder einem kleinen Ausstecher in der Mitte ein Loch ausstechen. Auf das Hackfleisch legen. Überstehende Teigränder abschneiden. Den Teig dünn mit Eigelb bestreichen, und die Quiche im Ofen (Mitte, Umluft 180°) in 1 Std. goldbraun backen.

Tips: Um festzustellen, ob die Quiche gar ist, mit einem Holzstäbchen in den Hackfleischteig stechen. Bleibt kein Teig mehr daran haften, ist sie durchgebacken.

Bräunt die Quiche während des Backens zu stark, mit Pergamentpapier oder Alufolie abdecken.

Hackfleisch sollten Sie nach dem Einkauf noch am selben Tag verbrauchen, denn es verdirbt sehr rasch. Wenn Sie es dennoch einen Tag vor dem Zubereiten der Quiche kaufen müssen, dann braten Sie das Hackfleisch am Einkaufstag einfach gründlich an, lassen es abkühlen und stellen es gut verschlossen bis zum nächsten Tag in den Kühlschrank. Fettarmer wird die Quiche übrigens, wenn Sie das gemischte Hackfleisch durch reines Rinderhack oder auch einmal durch Lammhack ersetzen.

Reste von Blätterteig können Sie zum Garnieren des Teigdeckels verwenden. Die Reste dafür aber nicht zusammenkneten, sonst geht der Teig nicht mehr auf, sondern nur aufeinander legen und ausrollen.

Den Blätterteig so nebeneinander legen, daß die Ränder leicht überlappen. Die Nahtstellen mit etwas Wasser bestreichen.

In die Mitte des Teigdeckels ein Loch schneiden oder mit einem Fingerhut ausstechen, damit der Dampf abziehen kann.

Aus den Teigresten mit kleinen Plätzchenausstechern Motive ausstechen und die bepinselte Quiche damit belegen.

Zutaten für 4–6 Personen:

Für den Mürbeteig:
250 g Mehl
1 TL Salz
1 Ei
125 g kalte Butter
Für den Belag:
2 Zwiebeln
1 EL Butter
1 Bund Schnittlauch
500 g Tomaten
400 g Lyoner
150 g Sahne
2 Eier
100 g frisch geriebener Comté oder Pecorino
Salz
Pfeffer
Mehl für die Arbeitsfläche
Und: 1 feuerfeste Form von 26 cm ø

Zubereitungszeit: 45 Min. (+ 35 Min. Backzeit)
Bei 6 Personen pro Portion etwa: 2850 kJ / 680 kcal 25 g EW / 47 g F / 41 g KH

Schmeckt auch kalt

Quiche mit Lyoner und Tomaten

1 Das Mehl auf die Arbeitsfläche geben, eine Mulde formen. Das Salz mit dem Ei hineingeben, die Butter in Flöckchen am Rand verteilen. Alles mit einem Messer durchhacken, dann rasch zu einem geschmeidigen Teig verkneten. Den Teig zu einer Kugel formen und zugedeckt 30 Min. kühl stellen.

2 Inzwischen die Zwiebeln schälen und fein hacken. Die Butter in einer Pfanne erhitzen und die Zwiebeln darin glasig dünsten, abkühlen lassen. Den Schnittlauch waschen und in feine Röllchen schneiden.

3 Die Stielansätze der Tomaten entfernen. Die Tomaten kurz überbrühen, häuten und achteln, dabei die Kerne entfernen. Die Lyoner schälen und in kleine Würfel schneiden. Die Sahne mit den Eiern und dem Comté verrühren, mit Salz und Pfeffer würzen, die Zwiebeln und den Schnittlauch dazugeben.

4 Den Backofen auf 200° vorheizen. Den Teig auf wenig Mehl rund ausrollen, in die Form legen und einen Rand von 3 cm formen.

5 Die Tomatenachtel auf den Teigboden legen, mit Salz und Pfeffer würzen und die Lyonerwürfel dazwischen streuen. Mit der Eiermischung übergießen und im Backofen (Mitte, Umluft 200°) 35 Min. backen. Vor dem Anschneiden kurz ruhen lassen.

Dazu paßt gemischter Salat mit einer Kräutervinaigrette sehr gut.

Zutaten für 4–6 Personen:

Für den Quarkteig:
150 g Mehl
150 g eiskalte Butter
150 g Magerquark
1 TL Salz
Für den Belag:
1 große rote Paprikaschote
3 Frühlingszwiebeln · 2 EL Öl
400 g gemischtes Hackfleisch
1 Knoblauchzehe
4 EL Tomatenmark
Salz · Pfeffer
1 Prise Cayennepfeffer
1 TL Paprika, edelsüß
1 TL getrockneter Oregano
2 Eier
100 g frisch geriebener Emmentaler
Fett für die Form
Mehl für die Arbeitsfläche
Oreganoblüten zum Garnieren
Und: 1 feuerfeste Form von 26 cm ø

Zubereitungszeit: 1 Std. (+ 30 Min. Backzeit)
Bei 6 Personen pro Portion etwa: 238 5 kJ / 570 kcal
23 g EW / 41 g F / 27 g KH

Preiswert

Pikante Hackfleisch-Quiche

1 Das Mehl in eine Schüssel füllen. Die Butter in kleine Würfel schneiden. Mit dem Quark und dem Salz zum Mehl geben. Alles zu einem geschmeidigen Teig verkneten, zu einer Kugel formen, in Folie wickeln und mindestens 30 Min. kühl stellen.

2 Die Paprikaschote waschen, halbieren, putzen und in kleine Würfel schneiden. Die Frühlingszwiebeln putzen, waschen und in schmale Ringe schneiden. 1 EL Öl in einer großen Pfanne erhitzen und die Paprikawürfel darin andünsten. Die Frühlingszwiebeln 3 Min. mitdünsten, herausnehmen und beiseite stellen.

3 Das restliche Öl in die Pfanne geben und erhitzen, das Hackfleisch dazugeben und krümelig braten. Knoblauch schälen und dazupressen. Das Tomatenmark untermischen und alles mit Salz, Pfeffer, Cayennepfeffer, Paprika und Oregano würzen.

4 Die Eier mit dem Gemüse und der Hälfte des Käses unter das Hackfleisch mischen. Den Backofen auf 220° vorheizen. Die Form fetten.

5 Den Teig auf wenig Mehl rund ausrollen, in die Form legen und einen 3 cm hohen Rand formen. Die Hackfleischmasse darauf verteilen, glattstreichen und mit dem restlichen Käse gleichmäßig bestreuen. Die Hackfleisch-Quiche im Backofen (Mitte, Umluft 200°) 30 Min. backen. Mit Oreganoblüten garniert servieren.

Dazu schmeckt Bier am besten.

Zutaten für 4–6 Personen:

Für den Mürbeteig:
250 g Weizenvollkornmehl
125 g kalte Butter
1 Ei
1 Prise Salz
Für den Belag:
500 g Schweinefilet
2 EL Öl
2 Knoblauchzehen
Salz
Pfeffer
1 TL getrockneter Thymian
300 g grüne Bohnen (ersatzweise tiefgekühlt)
3 Eier
1/4 l Milch
1 Prise frisch geriebene Muskatnuß
Mehl für die Arbeitsfläche
Und: 1 feuerfeste Form von 26 cm ø

Zubereitungszeit: 45 Min. (+ 30 Min. Backzeit)
Bei 6 Personen pro Portion etwa: 2265 kJ / 575 kcal
22 g EW / 37 g F / 38 g KH

Für Gäste

Quiche mit Schweinefilet und Bohnen

1 Das Mehl auf die Arbeitsfläche sieben, in die Mitte eine Mulde formen. Ei und Salz hineingeben, die Butter in Flöckchen auf dem Rand verteilen. Mit einem Messer durchhacken, dann rasch verkneten. Den Teig 30 Min. kühl stellen.

2 Inzwischen das Schweinefilet kalt abspülen, trockentupfen und in etwa 2 cm große Würfel schneiden. Das Öl in einer breiten Pfanne erhitzen und die Fleischwürfel darin 3 Min. kräftig anbraten. Den Knoblauch schälen und darüber pressen. Mit Salz, Pfeffer und Thymian würzen. Die Pfanne vom Herd nehmen und das Fleisch abkühlen lassen.

3 Frische Bohnen putzen und waschen. Tiefgekühlte aus der Packung nehmen. Salzwasser aufkochen, frische Bohnen darin 10 Min., tiefgekühlte nach Packungsangabe bißfest garen. In ein Sieb schütten, eiskalt abschrecken und sehr gut abtropfen lassen. Dann in 2 cm lange Stücke schneiden.

4 Den Backofen auf 200° vorheizen. Die Eier mit der Milch verquirlen und mit Salz, Pfeffer und Muskat würzen.

5 Den Teig auf wenig Mehl rund ausrollen, in die Form legen und einen 3 cm hohen Rand formen. Die Bohnen mit dem Fleisch mischen und auf dem Teigboden verteilen. Mit der Eiermilch übergießen und im vorgeheizten Backofen (Mitte, Umluft 180°) 30 Min. backen.

Sauerkrautquiche

Zutaten für 6 Personen:

Für den Quark-Öl-Teig:
200 g Magerquark
6 EL Sonnenblumenöl · 1/2 TL Salz
350 g Weizenvollkornmehl
2 TL Backpulver
Für den Belag:
2 Zwiebeln
100 g durchwachsener Räucherspeck
1 EL Butterschmalz
500 g Sauerkraut
2 Wacholderbeeren
1 Lorbeerblatt
300 ml Apfelsaft oder Cidre
Salz · schwarzer Pfeffer · 2 Äpfel
1 mehligkochende Kartoffel
200 g Schmand (ersatzweise Crème fraîche)
100 g Sahne · 2 Eier
1 EL frisch gehackter Majoran
50 g frisch geriebener Bergkäse
Fett für das Blech
Mehl für die Arbeitsfläche

Zubereitungszeit: 1 Std.
(+ 30 Min. Backzeit)
Pro Portion etwa:
2930 kJ / 700 kcal
22 g EW / 38 g F / 70 g KH

Für die große Runde

1 Den Quark in einem Tuch auspressen, dann mit 6 EL Wasser, Öl und Salz verrühren. Das Mehl mit dem Backpulver mischen. Die Hälfte des Mehls nach und nach unter die Quarkmasse rühren. Das restliche Mehl mit dem Backpulver unterkneten. Den Teig 30 Min. kühl stellen.

2 Inzwischen die Zwiebeln schälen und fein würfeln. Den Speck in kleine Würfel schneiden. Schmalz in einem Topf zerlassen. Den Speck und die Zwiebeln darin andünsten. Sauerkraut, Wacholderbeeren, Lorbeerblatt und Apfelsaft oder Cidre dazugeben. Salzen und pfeffern. Zugedeckt bei schwacher Hitze 15 Min. schmoren.

3 Inzwischen die Äpfel schälen, vierteln, vom Kerngehäuse befreien und quer in dünne Scheiben schneiden. Die Kartoffel schälen und fein reiben. Beides zum Sauerkraut geben, weitere 10 Min. schmoren. Den Backofen auf 200° vorheizen. Ein Backblech fetten.

4 Den Teig auf wenig Mehl in Größe des Backbleches ausrollen, auf das Blech legen und dabei einen Rand formen. Schmand mit Sahne und Eiern verrühren. Majoran und Käse unterheben. Nochmals mit Salz und Pfeffer würzen. Sauerkraut auf den Teig geben. Den Guß darüber gießen. Die Quiche im Backofen (Mitte, Umluft 175°) 30 Min. backen.

Tip: Wer möchte, backt die Quiche in zwei Springformen von je 22 cm Ø.

Zutaten für 4–6 Personen:

Für den Hefeteig:
300 g Mehl · Salz
1/2 TL getrockneter Majoran
1/2 Würfel Hefe (20 g)
4 EL Olivenöl
Für den Belag:
600 g gekochte Pellkartoffeln
150 g Winzerkäse oder Bel Paese
150 g Sahne · 1 TL Senf
2 Knoblauchzehen
100 g geräucherte Putenbrust
100 g durchwachsener Räucherspeck
4 EL Olivenöl
Salz · weißer Pfeffer
frisch geriebene Muskatnuß
80 g paprikagefüllte grüne Oliven · 50 g Emmentaler
Fett für die Form
Mehl für die Arbeitsfläche
Majoran zum Garnieren
Und: 1 Pizzaform von 30 cm ø

Zubereitungszeit: 1 1/4 Std. (+ 25 Min. Backzeit)
Bei 6 Personen pro Portion etwa: 2830 kJ / 675 kcal
24 g EW / 39 g F / 59 g KH

Preiswert

Herzhafte Kartoffelpizza

1 Das Mehl mit 1 kräftigen Prise Salz und dem Majoran mischen. Die Hefe mit 1/8 l lauwarmem Wasser verrühren. Mit dem Öl zum Mehl geben und schnell zu einem geschmeidigen Teig verarbeiten. Den Teig zugedeckt an einem warmen Ort 1 Std. gehen lassen.

2 Inzwischen die Kartoffeln schälen und durch die Presse drücken. Den Käse entrinden und in Würfel schneiden. Die Sahne mit dem Senf und dem Käse in einen Topf geben. Bei schwacher Hitze erwärmen, bis der Käse geschmolzen ist.

3 Die Knoblauchzehen schälen und durch die Presse zu den Kartoffeln drücken. Die Putenbrust und den Speck in Streifen schneiden. Die etwas abgekühlte Käse-Sahne-Mischung mit den Kartoffeln mischen. Das Olivenöl, die Putenbrust und den Speck dazugeben. Mit Salz, Pfeffer und Muskat würzen.

4 Den Backofen auf 220° vorheizen. Die Pizzaform fetten. Den Hefeteig auf wenig Mehl rund ausrollen und in die Form legen. Die Kartoffelmasse daraufgeben. Die Oliven in Scheiben schneiden, auf die Kartoffelmasse legen. Mit dem Käse bestreuen. Die Pizza im Backofen (Mitte, Umluft 200°) 25 Min. backen, bis sie schön gebräunt ist. Mit Majoranblättchen garniert servieren.

Dazu schmeckt ein kühles Bier am besten.

Zutaten für 4–6 Personen:

Für den Mürbeteig:
200 g Mehl
1 Ei
Salz
5 EL Milch
80 g kalte Butter
Für den Belag:
je 1 rote, gelbe und grüne Paprikaschote
2 Zwiebeln
4 Knoblauchzehen
250 g Cabanossi
3 EL Öl
1/2 TL Currypulver
Pfeffer · Cayennepfeffer
Salz
200 g Sahne
4 Eier
150 g Greyerzer
frisch geriebene Muskatnuß
Mehl für die Arbeitsfläche
Und: 1 feuerfeste Form von 28 cm ø

Zubereitungszeit: 50 Min. (+ 45 Min. Backzeit)
Bei 6 Personen pro Portion etwa: 2775 kJ / 665 kcal
23 g EW / 48 g F / 34 g KH

Schmeckt auch kalt

Paprikaquiche mit Cabanossi

1 Für den Mürbeteig das Mehl auf eine Arbeitsfläche sieben. In die Mitte eine Mulde drücken, das Ei, 2 Prisen Salz und die Milch hineingeben. Die Butter in kleinen Flöckchen auf dem Rand verteilen und alles mit einem großen Messer bröselig hacken. Alle Zutaten rasch zu einem glatten Teig verkneten und auf wenig Mehl in Formgröße ausrollen. Den Teig in die Form legen, dabei einen Rand von 3 cm hochdrücken. Den Teig zugedeckt mindestens 30 Min. kühl stellen.

2 Inzwischen die Paprikaschoten waschen, halbieren, putzen und in etwa 1 cm große Würfel schneiden. Die Zwiebeln und den Knoblauch schälen und in kleine Würfel schneiden. Die Cabanossi in dünne Scheiben schneiden.

3 Das Öl in einer Pfanne erhitzen, die Paprikawürfel darin bei mittlerer Hitze 3 Min. andünsten. Die Zwiebeln und den Knoblauch hinzufügen und 2 Min. mitgaren. Das Gemüse mit Curry, Pfeffer, Cayennepfeffer und etwas Salz pikant abschmecken. Den Backofen auf 200° vorheizen.

4 Für den Guß die Sahne mit den Eiern verquirlen. Den Käse reiben und untermischen. Mit Muskat, Pfeffer und Salz würzen. Das Gemüse und die Wurst auf dem Teig verteilen und mit der Eiersahne begießen. Die Quiche im Ofen (Mitte, Umluft 180°) 45 Min. goldbraun backen.

Dazu schmeckt ein gemischter Blattsalat.

Dazu schmeckt ein kräftiger Rotwein, z. B. ein Chianti.

Zutaten für 4 Personen:

4 Yufka Teigblätter (aus dem türkischen Lebensmittelladen)
300 g tiefgekühlter Blattspinat
2 Knoblauchzehen
4 EL Öl
250 g Lammhackfleisch (vom Metzger durchdrehen lassen)
Salz
schwarzer Pfeffer
300 g Schafkäse
200 g Joghurt
3 Eier
1 Bund gemischte Kräuter (Dill, Minze, Petersilie)
1 EL Kapern
1 Eigelb
1 EL Pinienkerne
Fett für die Form
Und: 1 quadratische Form von 30–40 cm Größe

Zubereitungszeit: 40 Min. (+ 20 Min. Backzeit)
Pro Portion etwa: 2920 kJ / 695 kcal
36 g EW / 42 g F / 43 g KH

Schnell

Schafkäse-Spinat-Börek

1 Die Teigblätter auseinanderrollen und mit einem feuchten Tuch bedecken. Eine rechteckige Backform fetten. Den Spinat in einem Topf bei mittlerer Hitze zugedeckt auftauen lassen. Die Knoblauchzehen schälen.

2 1 EL Öl in einer Pfanne erhitzen. Das Hackfleisch darin kräftig anbraten, wieder herausnehmen. 1 weiteren EL Öl in die Pfanne geben. Den Spinat darin kurz dünsten. Den Knoblauch durch die Presse dazudrücken. Hackfleisch wieder dazugeben, mit Salz und Pfeffer würzen. Den Schafkäse in kleine Würfel schneiden. Den Joghurt mit den Eiern und dem Schafkäse im Mixer pürieren. Die Kräuter waschen und die Blättchen fein hacken. Die Kräuter und Kapern unter die Käsecreme mischen. Mit Salz und Pfeffer würzen. Den Backofen auf 200° (Umluft 180°) vorheizen.

3 Die Backform mit einer Teigplatte auslegen. Die Ränder sollten ganz mit Teig ausgekleidet sein. Die Teigplatte mit Öl, dann mit etwas Käsecreme bepinseln. Die nächste Teigplatte auflegen, mit Öl bestreichen und mit Käsecreme bedecken. Auf die nächste Teigplatte die Spinatmasse geben und die restliche Käsecreme darauf verteilen. Die letzte Platte auflegen. Alle überstehenden Teigränder nach innen klappen, eventuell vorher einen Teil abschneiden. Das Eigelb mit etwas Wasser verquirlen. Die Teigplatte damit bestreichen. Mit den Pinienkernen bestreuen. Börek im heißen Ofen (Mitte) 20 Min. backen.

Tips: Yufka Teigblätter gibt es in Packungen von 5 oder 10 Stück Inhalt. Übrige Teigblätter können Sie problemlos tiefgefrieren.

Die Teigblätter übrigens vorsichtig aus der Packung nehmen, damit sie nicht brechen.

Calzone mit Kalbsbrät

Zutaten für 4 Personen:

Für den Hefeteig:
400 g Mehl
Salz
30 g frische Hefe
4 EL Olivenöl
Für die Füllung:
je 1 rote und gelbe Paprikaschote (400 g)
2 Frühlingszwiebeln
1 Bund Petersilie
200 g Kalbsbrät
1 Ei
100 g frisch geriebener Emmentaler
Fett für das Blech
Mehl für die Arbeitsfläche

Zubereitungszeit: 1 1/4 Std.
(+ 25 Min. Backzeit)
Pro Portion etwa:
2505 kJ / 600 kcal
34 g EW / 11 g F / 90 g KH

Gelingt leicht

1 Das Mehl mit etwas Salz mischen. Die Hefe mit 200 ml lauwarmem Wasser verrühren und mit dem Olivenöl zum Mehl geben. Alles zu einem glatten Teig verkneten. Den Teig zugedeckt an einem warmen Ort 1 Std. gehen lassen.

2 Inzwischen die Paprikaschoten waschen, halbieren und putzen. Zuerst in 1 cm breite Streifen schneiden, dann klein würfeln. Die Frühlingszwiebeln putzen, waschen und mit dem hellen Grün in feine Ringe schneiden. Die Petersilie waschen, die Blättchen fein hacken. Das Kalbsbrät mit dem Ei verrühren. Die Paprikawürfel, die Zwiebelringe, die Petersilie und den Käse untermischen.

3 Den Backofen auf 220° vorheizen. Ein Backblech fetten. Den Hefeteig auf wenig Mehl zu einem großen Fladen ausrollen. Die Hälfte des Fladens mit der Füllung belegen. Die andere Hälfte darüber klappen. Die Ränder mit Wasser gut verkleben. Die Calzone im heißen Ofen (Mitte, Umluft 200°) 25 Min. backen, bis sie schön gebräunt ist.

Dazu schmeckt ein leichter Weißwein oder ein Roséwein aus der Provence.

Zutaten für 6–8 Personen:
Für den Hefeteig:
1/2 Würfel Hefe (20 g)
1/2 TL Zucker
1 TL Salz
200 g Weizenmehl Type 550
100 g Roggenmehl Type 997
75 ml Öl
Für den Belag:
500 g Lauch
500 g gegarte Pellkartoffeln (vom Vortag)
100 g Schichtkäse
250 g Schmand (ersatzweise Crème fraîche)
3 Eier
4 EL Öl
Salz · schwarzer Pfeffer
frisch geriebene Muskatnuß
400 g durchwachsener Räucherspeck
Mehl für die Arbeitsfläche
Öl für das Blech

Zubereitungszeit: 1 1/2 Std. (+ 30 Min. Backzeit)
Bei 8 Personen pro Portion etwa: 3125 kJ / 745 kcal
26 g EW / 51 g F / 46 g KH

Für die große Runde

Hessischer Speckkuchen

1 Für den Teig die Hefe in eine Tasse bröckeln und mit 1/8 l lauwarmem Wasser und dem Zucker glattrühren. Das Salz mit dem Weizen- und dem Roggenmehl mischen. Das Öl und die angerührte Hefe dazugeben, alles zu einem geschmeidigen Teig verkneten. Zugedeckt an einem warmen Ort 1 Std. gehen lassen.

2 Inzwischen für den Belag den Lauch putzen, der Länge nach aufschneiden, waschen und trockenschütteln, dann in sehr feine Würfel schneiden. Die Kartoffeln schälen, durch die Kartoffelpresse drücken und mit dem Lauch, dem Schichtkäse, dem Schmand, den Eiern und dem Öl verrühren. Mit Salz, Pfeffer und Muskatnuß würzen. Den Speck von Schwarte und Knorpeln befreien und in sehr kleine Würfel schneiden.

3 Den Teig noch einmal durchkneten, dann auf wenig Mehl ausrollen. Auf ein mit Öl bestrichenes Backblech heben und bis an den Rand ausziehen. Mit einer Gabel mehrmals einstechen. Die Kartoffelmasse auf dem Teig verteilen, dann den Speck aufstreuen. Den Kuchen 15 Min. ruhen lassen.

4 Den Backofen auf 225° vorheizen. Den Kuchen darin (Mitte, Umluft 200°) 30 Min. backen.

Info: »Bloatz« oder »Ploatz« heißt dieser würzige Blechkuchen in seiner Heimat. Früher wurde er aus einem Stück Brotteig in der Restglut des Ofens gebacken, nachdem das Brot fertig war.

Dazu schmeckt ein trockener Weißwein, z. B. ein Silvaner aus Rheinhessen oder ein Grüner Veltliner aus Österreich.

Zutaten für 6–8 Personen:

Für den Mürbeteig:
400 g Mehl
1 Ei · 1 Eigelb
Salz · 1/8 l Milch
180 g kalte Butter
Für den Belag:
1,3 kg Blattspinat
2 mittelgroße Zwiebeln
2 Knoblauchzehen
150 g durchwachsener Räucherspeck
100 g Greyerzer
1 EL Butter · 1 EL Olivenöl
Pfeffer · Cayennepfeffer · Salz
200 g Sahne
200 g Crème fraîche
4 Eier
frisch geriebene Muskatnuß
1 Eigelb
Mehl für die Arbeitsfläche
Und: 1 feuerfeste Form von 28 cm ø

Zubereitungszeit: 1 Std. (+ 45 Min. Backzeit)
Bei 8 Personen pro Portion etwa: 3250 kJ / 775 kcal
24 g EW / 56 g F / 46 g KH

Für die große Runde

Spinatpie mit Speck

1 Aus den Zutaten für den Mürbeteig einen glatten Teig kneten. Zwei Drittel des Teiges auf wenig Mehl ausrollen, in die Form legen und dabei einen 3 cm hohen Rand andrücken. Den Teigboden mehrmals mit einer Gabel einstechen. Den restlichen Teig für den Deckel ebenfalls auf Formgröße ausrollen und locker in Klarsichtfolie einschlagen. Beide Teige mindestens 30 Min. kühl stellen.

2 Den Spinat verlesen, gründlich waschen und abtropfen lassen. Die Zwiebeln und den Knoblauch schälen und in kleine Würfel schneiden. Den Speck in dünne Streifen schneiden. Den Käse grob raspeln.

3 Butter und Öl in einem großen Topf erhitzen, den Speck darin anbraten. Zwiebel- und Knoblauchwürfel hinzufügen und unter Rühren andünsten. Den Spinat in den Topf drücken und bei mittlerer Hitze zugedeckt in 5 Min. zusammenfallen lassen. Anschließend mit Pfeffer, Cayennepfeffer und Salz kräftig würzen.

4 Die Sahne mit der Crème fraîche, den Eiern und dem Käse verrühren. Mit dem Spinat vermischen und die Masse mit Muskat und eventuell noch etwas Salz und Pfeffer abschmecken. Den Backofen auf 200° vorheizen.

5 Die Spinatmasse auf dem Teigboden verteilen. In die Mitte des Teigdeckels ein Loch schneiden, damit der Dampf abziehen kann. Den Teigdeckel auf die Füllung legen, die Ränder etwas zusammendrücken. Den Deckel mit Eigelb bestreichen und die Pie im Ofen (unten, Umluft 180°) 15 Min. backen. Dann die Form auf die mittlere Schiene stellen und die Pie in 30 Min. fertigbacken. Vor dem Anschneiden 10 Min. ruhen lassen.

Tips: Statt Speck können Sie auch 200 g gegartes Geflügelfleisch kleinschneiden und verwenden.

Die Pie wird zuerst auf der unteren Schiene gebacken, damit der Teigdeckel nicht zu rasch bräunt.

Wer möchte, kann die Pie rund um das »Dampfloch« und auf der Oberfläche mit hübsch geformten Teigresten verzieren.

Zutaten für 4–6 Personen:

5 Scheiben Tiefkühl-Blätterteig (300 g)
1/4 l Gemüsebrühe
250 g Lammfilet
1 Zweig Rosmarin
1 EL Olivenöl
1 TL Aceto Balsamico (Balsamessig)
1 kleiner Kopf Wirsing (etwa 500 g)
Salz
2 EL Butter
2 EL Mehl
150 g Crème fraîche
2 Eier
100 g frisch geriebener mittelalter Gouda
weißer Pfeffer
frisch geriebene Muskatnuß
Fett für die Form
Mehl für die Arbeitsfläche
Und: 1 Quicheform von 30 cm ø

Zubereitungszeit: 1 Std. (+ 30–40 Min. Backzeit)
Bei 6 Personen pro Portion etwa: 2750 kJ / 655 kcal
18 g EW / 50 g F / 35 g KH

Für Gäste

Wirsing-Lamm-Quiche

1 Die Blätterteigplatten nebeneinander legen und zugedeckt auftauen lassen. Die Brühe erhitzen. Das Lammfilet darin unter dem Siedepunkt 5 Min. pochieren. Herausnehmen, in dünne Scheiben schneiden. Den Rosmarin waschen, die Nadeln abzupfen. Das Öl mit Essig und dem Rosmarin mischen und über das Fleisch geben. Zugedeckt marinieren.

2 Die Wirsingblätter ablösen, gut waschen und 10 Min. in kochendem Salzwasser blanchieren. Herausnehmen, kalt abschrecken und gut abtropfen lassen. Danach fein hacken.

3 Die Butter in einem Topf erwärmen, das Mehl hinzugeben. 150 ml Marinade vom Lamm abmessen, nach und nach angießen und glattrühren. Die Sauce vom Herd nehmen. Crème fraîche, Eier und die Hälfte des Käses unterrühren. Wirsing dazugeben. Alles mit Salz, Pfeffer und Muskat kräftig würzen.

4 Den Backofen auf 200° vorheizen. Die Form fetten. Den Blätterteig auf wenig Mehl dünn und rund ausrollen. Die Form damit auskleiden. Die Hälfte vom Wirsing, dann das marinierte Fleisch und zum Schluß den übrigen Wirsing in der Form verteilen. Mit dem restlichen Käse bestreuen. Die Quiche im Backofen (Mitte, Umluft 175°) 30–40 Min. backen, bis sie schön gebräunt ist.

Tip: Statt Lamm können Sie auch gekochtes Kassler nehmen.

Dazu schmeckt ein trockener Rotwein oder ein gekühlter Rosé.

Lammquiche mit Rosinen und Pinienkernen

Zutaten für 4–6 Personen:

Für den Quarkteig:
125 g Magerquark
125 g Mehl
125 g Butter · Salz
Für den Belag:
2 Zwiebeln
4 Knoblauchzehen
4 EL Olivenöl
600 g Lammhackfleisch (vom Metzger durchdrehen lassen)
250 g Zucchini
2 rote Paprikaschoten
1 Fleischtomate
50 g Rosinen · 2 EL Pinienkerne
Salz · Pfeffer
1 Prise gemahlener Kreuzkümmel
1/2 TL gemahlener Zimt
1 TL abgeriebene Schale von 1 unbehandelten Zitrone
100 g Schafkäse
Fett für die Form
Mehl für die Arbeitsfläche
Oregano zum Garnieren
Und: 1 feuerfeste Form von 26 cm ø

Zubereitungszeit: 50 Min. (+ 35 Min. Backzeit)
Bei 6 Personen pro Portion etwa: 2285 kJ / 545 kcal
30 g EW / 35 g F / 31 g KH

Für Gäste

1 Den Quark in einem Küchentuch sehr gut ausdrücken und mit dem Mehl, der Butter und Salz mit den Knethaken des Handrührgerätes zu einem geschmeidigen Teig verarbeiten. Zugedeckt 30 Min. ruhen lassen.

2 Inzwischen die Zwiebeln und den Knoblauch schälen, beides fein hacken. 2 EL Öl in einer breiten Pfanne erhitzen und das Lammhackfleisch mit den Zwiebeln und dem Knoblauch darin 5 Min. dünsten. Beiseite stellen.

3 Die Zucchini und die Paprikaschoten putzen und waschen. Die Paprikaschoten in kleine Würfel schneiden, die Zucchini grob raspeln. Das Gemüse zum Lammfleisch geben. Den Stielansatz der Tomate entfernen. Die Tomate kurz überbrühen, häuten, entkernen, grob zerschneiden und untermischen.

4 Rosinen und Pinienkerne dazugeben. Alles mit Salz, Pfeffer, Kreuzkümmel, Zimt und Zitronenschale kräftig würzen. Zum Schluß den Schafkäse zerbröckeln und untermischen. Den Backofen auf 220° vorheizen. Die Form fetten.

5 Den Teig auf wenig Mehl rund ausrollen und in die Form legen. Dabei einen 3 cm hohen Rand formen. Die Lammfleischmischung gleichmäßig auf dem Teig verteilen. Die Quiche im Backofen (Mitte, Umluft 180°) 30 Min. backen. Mit Oregano garniert servieren.

Der Tip vom Profi

Austernpilze gibt es das ganze Jahr über zu kaufen, denn sie werden auf Strohballen gezüchtet. Das ist auch der Grund dafür, daß die Pilze sauber sind, so daß man sie nicht waschen muß, sondern einfach mit einem feuchten Tuch abreiben kann. Die meist zähen Stiele werden abgeschnitten. Nur bei ganz jungen Pilzen können Sie sie mitverwenden, denn dann sind sie noch zart. Wer einmal keine Austernpilze bekommt, nimmt statt dessen Egerlinge oder auch Champignons.

Zutaten für 4 Personen:

Für den Mürbeteig:
250 g Mehl
1 Ei · Salz
125 g Butter
Für den Belag:
4 Schalotten
100 g gekochter Schinken in Scheiben
800 g Austernpilze
5 EL Sonnenblumenöl
1 EL helle Sojasauce
Salz · schwarzer Pfeffer
150 g Crème fraîche
1 EL Sherry
1 EL frisch gehackte Petersilie
100 g Sahne
100 g frisch geriebener Bergkäse
Mehl für die Arbeitsfläche
Und: 1 feuerfeste Form von 28 cm ø

Zubereitungszeit: 1 Std. (+ 30–35 Min. Backzeit)
Pro Portion etwa:
3285 kJ / 785 kcal
28 g EW / 69 g F / 16 g KH

Schmeckt auch kalt

Austernpilz-Schinken-Quiche

1 Das Mehl auf die Arbeitsfläche häufen, in der Mitte eine Mulde formen. Das Ei, Salz und 1 EL Wasser hineingeben. Die Butter in Flöckchen auf dem Rand verteilen. Alles rasch zu einem glatten Teig verkneten. Den Teig in Klarsichtfolie wickeln und mindestens 30 Min. zugedeckt kühl stellen.

2 Inzwischen die Schalotten schälen und in kleine Würfel schneiden. Den Schinken in 1 cm breite Streifen schneiden. Die Austernpilze mit Küchenpapier sauber abreiben, die harten Stiele entfernen. Die Pilze in 2 cm breite Streifen schneiden.

3 Das Öl in einer Pfanne erhitzen. Die Schalotten darin glasig dünsten. Schinken und Austernpilze dazugeben und bei mittlerer Hitze unter Rühren dünsten, bis die Flüssigkeit verdampft ist. Mit Sojasauce, Salz und Pfeffer würzen.

4 Den Backofen auf 200° vorheizen. Crème fraîche mit Sherry, Petersilie und Sahne verrühren. Den Käse unterheben.

5 Den Teig auf wenig Mehl rund ausrollen und in die Form geben, dabei einen 3 cm hohen Rand formen. Die Austernpilzmischung auf den Teigboden geben. Die Käsecreme darüber verteilen. Die Quiche im Backofen (Mitte, Umluft 175°) 35 Min. backen.

Zutaten für 4–6 Personen:

Für den Mürbeteig:
350 g Mehl
1 Ei · 1 Eigelb
Salz · 1 Prise Zucker · 3 EL Milch
150 g Butter
Für den Belag:
800 g junge Möhren · Salz
100 g durchwachsener Räucherspeck
1 Zwiebel
2 Knoblauchzehen
1 TL Korianderkörner
1/2 TL Kümmelkörner
2 EL Butter · Pfeffer
Streuwürze nach Belieben
200 g Sahne
100 g saure Sahne
3 Eier
frisch geriebene Muskatnuß
etwa 1/2 Bund frischer Koriander
Mehl für die Arbeitsfläche
Und: 1 feuerfeste Form von 28 cm ø

Zubereitungszeit: 1 Std. (+ 50 Min. Backzeit)
Bei 6 Personen pro Portion etwa: 3160 kJ / 755 kcal
18 g EW / 49 g F / 60 g KH

Schmeckt auch kalt

Möhren-Speck-Quiche

1 Für den Mürbeteig das Mehl auf eine Arbeitsfläche sieben. In die Mitte eine Mulde drücken, das Ei, das Eigelb, je 2 Prisen Salz und Zucker sowie die Milch hineingeben. Die Butter in kleinen Flöckchen auf dem Rand verteilen. Alles mit einem großen Messer bröselig hacken und rasch zu einem glatten Teig verkneten. Den Teig auf wenig Mehl dünn ausrollen, in die Form legen und mit den Daumen einen Rand von 3 cm hochdrücken. Den Teigboden mehrmals mit einer Gabel einstechen und mindestens 30 Min. kühl stellen.

2 Inzwischen die Möhren putzen, schälen und in 1/2 cm dicke Scheiben schneiden. Reichlich Salzwasser zum Kochen bringen, die Möhren darin 4 Min. blanchieren. Kalt abschrecken und abtropfen lassen.

3 Den Speck in kleine Würfel schneiden. Die Zwiebel und den Knoblauch schälen und fein würfeln. Koriander und Kümmel im Mörser fein zerstoßen. Die Butter in einer großen Pfanne erhitzen, den Speck darin bei mittlerer Hitze anbraten. Die Zwiebel und den Knoblauch hinzufügen und mitdünsten. Die Möhren untermischen und alles mit etwas Salz, Pfeffer, den zerstoßenen Gewürzen und eventuell Streuwürze pikant abschmecken. Die Möhren etwas abkühlen lassen.

4 Den Backofen auf 200° vorheizen. Für den Guß die süße und die saure Sahne mit den Eiern verquirlen, mit Muskat, Pfeffer und etwas Salz würzen. Den frischen Koriander abspülen, die Hälfte davon kleinschneiden und unter die Sahnemischung rühren. Die Möhren auf dem Teigboden verteilen, die Eiersahne darüber gießen und die Quiche im Ofen (Mitte, Umluft 180°) in 50 Min. goldbraun backen. Quiche 10 Min. abkühlen lassen, dann mit dem restlichen Koriander garnieren.

Zutaten für 4 Personen:

5 Scheiben Tiefkühl-Blätterteig (300 g)
1 Dose Maiskörner (400 g Inhalt)
1 Zwiebel
1 EL Öl
250 g gemischtes Hackfleisch
Salz
Pfeffer
1 Prise Cayennepfeffer
1 Knoblauchzehe
je 1 rote und grüne Paprikaschote
100 g frisch geriebener Gouda
2 Eier
Mehl für die Arbeitsfläche
Und: 1 feuerfeste Form von 26 cm ø

Zubereitungszeit: 30 Min. (+ 35 Min. Backzeit)
Pro Portion etwa: 3140 kJ / 750 kcal
26 g EW / 49 g F / 53 g KH

Schnell

Amerikanische Maisquiche

1 Den Blätterteig aus der Packung nehmen, die Platten nebeneinander legen und zugedeckt auftauen lassen. Den Mais in ein Sieb geben und gut abtropfen lassen.

2 Die Zwiebel schälen und fein hacken und im Öl in einer breiten Pfanne andünsten. Das Hackfleisch dazugeben und bei mittlerer Hitze unter häufigem Umrühren krümelig braten, mit Salz, Pfeffer und Cayennepfeffer würzen. Den Knoblauch schälen und dazupressen. Die Pfanne beiseite stellen.

3 Die Paprikaschoten waschen, halbieren, putzen und in kleine Würfel schneiden. Mit den Maiskörnern und dem Hackfleisch mischen.

4 Den Backofen auf 200° vorheizen. Die Form kalt ausspülen, nicht abtrocknen. Die Teigplatten aufeinander legen und auf wenig Mehl in Größe der Form ausrollen. Die Teigplatte in die Form legen und einen 3 cm hohen Rand formen.

5 Die Hackfleischmischung gleichmäßig auf dem Teig verteilen. Den Gouda mit den Eiern verquirlen und darüber gießen. Die Quiche im Backofen (Mitte, Umluft 180°) 35 Min. backen.

Dazu schmeckt am besten Bier.

Pikante Hackfleisch-Chili-Pizza

Zutaten für 4–6 Personen:

Für den Quark-Öl-Teig:
125 g Speisequark
1 Ei
1 TL Salz
4 EL Sonnenblumenöl
220 g Weizenvollkornmehl
1 TL Backpulver

Für den Belag:
2 Zwiebeln
3 Knoblauchzehen
3 grüne Chilischoten
1 Packung pürierte Tomaten (340 g)
1 TL getrockneter Oregano
1 TL gemahlener Kreuzkümmel
1/2 TL gemahlener Koriander
3 EL Öl
500 g Rinderhackfleisch
1 TL brauner Zucker
Salz
150 g Schafkäse
Fett für die Form
Mehl für die Arbeitsfläche
Und: 1 feuerfeste Form von 30 cm ø

Zubereitungszeit: 1 Std.
(+ 40 Min. Backzeit)
Bei 6 Personen pro Portion etwa:
2260 kJ / 540 kcal
27 g EW / 32 g F / 40 g KH

Schmeckt auch kalt

1 Den Quark in einem Tuch auspressen, dann mit 4 EL Wasser, dem Ei, Salz und Öl verrühren. Das Mehl mit dem Backpulver mischen. Die Hälfte davon unterrühren. Das restliche Mehl unterkneten. Den Teig zugedeckt 30 Min. kühl stellen.

2 Inzwischen Zwiebeln und Knoblauch schälen und fein hacken. Die Chilischoten längs halbieren, von den Trennwänden befreien, waschen und in Streifen schneiden. Die Tomaten mit Zwiebeln, Knoblauch, Chilischoten, Oregano, Kreuzkümmel und Koriander im Mixer pürieren.

3 Das Öl in einem breiten Topf erhitzen. Hackfleisch mit dem Zucker darin braun braten. Die vorbereitete Sauce dazugeben und alles bei schwacher Hitze 25 Min. köcheln lassen. Danach mit Salz abschmecken.

4 Den Backofen auf 220° vorheizen. Die Form fetten. Den Teig auf wenig Mehl rund ausrollen. In die Form geben, dabei einen etwas dickeren Rand formen. Das Hackfleisch darauf verteilen. Schafkäse zerbröckeln und auf die Pizza streuen. Die Pizza im Backofen (unten, Umluft 220°) 40 Min. backen.

Tip: Wer gerne sehr scharf ißt, garniert die Quiche mit feinen Scheiben von 1 frischen Chilischote.

Zutaten für 4–6 Personen:

Für den Mürbeteig:
250 g Mehl
1 Ei · Salz
1/4 TL Ingwerpulver
125 g Butter
Für den Belag:
5 EL Sonnenblumenöl
1 TL Currypulver
250 g Hühnerbrustfilet
Salz · 100 g Staudensellerie
1 nußgroßes Stück frischer Ingwer
200 g Physalis (Kapstachelbeeren)
50 g gehackte Mandeln
2 Eier
250 g Sahne
2 EL Mangochutney (aus dem Glas)
Zitronenpfeffer
Mehl für die Arbeitsfläche
Und: 1 feuerfeste Form von 30 cm ø

Zubereitungszeit: 1 1/4 Std. (+ 30 Min. Backzeit)
Pro Portion etwa: 2560 kJ / 610 kcal
18 g EW / 41 g F / 39 g KH

Für Gäste

Exotische Tarte mit Hühnerbrust

1 Das Mehl auf die Arbeitsfläche sieben, eine Mulde formen. Ei mit Salz, Ingwer und 1 EL Wasser hineingeben, Butter in Flöckchen auf dem Rand verteilen. Alles mit einem Messer hacken, dann rasch zu einem glatten Teig verkneten. Den Teig in Klarsichtfolie wickeln und mindestens 30 Min. kühl stellen.

2 Inzwischen 3 EL Öl in einer Pfanne erwärmen. Curry einrühren. Hühnerbrustfilets darin von beiden Seiten kräftig anbraten. Dann bei schwacher Hitze 10 Min. weitergaren. Mit Salz würzen, beiseite stellen.

3 Den Staudensellerie waschen, die Enden abschneiden. Die Stangen quer in feine Streifen schneiden. Den Ingwer schälen und winzig klein würfeln. Von den Physalis die Hülsen entfernen, die Früchte kurz abbrausen. Die Mandeln in einer Pfanne ohne Fett kurz anrösten, herausnehmen und das restliche Öl in der Pfanne erhitzen. Ingwer und Staudensellerie darin andünsten.

4 Den Backofen auf 200° vorheizen. Für den Guß die Eier mit der Sahne und dem Mangochutney verrühren.

5 Die Hühnerbrustfilets quer zur Faser in dünne Scheiben schneiden. Den Teig auf wenig Mehl rund ausrollen und die Quicheform damit auslegen. Staudensellerie, Mandeln, Huhn und Physalis darauf verteilen. Mit Salz und Zitronenpfeffer bestreuen. Den Guß darüber gießen. Die Tarte im Backofen (Mitte, Umluft 175°) 30 Min. backen.

Dazu schmeckt Bier, grüner Tee oder Milch, mit Kokosmilch aus der Dose vermischt.

Zutaten für 4–6 Personen:

Für den Mürbeteig:
200 g Mehl · 1 Ei
Salz · 5 EL Milch
80 g kalte Butter
Für den Belag:
400 g Hähnchenbrustfilet
Pfeffer · Cayennepfeffer · Salz
Saft und abgeriebene Schale von 1/2 unbehandelten Zitrone
2 Knoblauchzehen
1 walnußgroßes Stück frischer Ingwer
1/2 Bund Frühlingszwiebeln
200 g kleine Champignons
1 EL Butterschmalz
2 EL frisch gehackte Petersilie
2 EL Currypulver
1/4 l Geflügelfond (Glas)
1 EL Speisestärke
250 g saure Sahne · 3 Eier
Mehl für die Arbeitsfläche
Und: 1 feuerfeste Form von 26 cm ø

Zubereitungszeit: 1 Std. (+ 1 Std. Backzeit)
Bei 6 Personen pro Portion etwa: 1960 kJ / 470 kcal
23 g EW / 27 g F / 34 g KH

Braucht etwas Zeit

Quiche mit scharfem Curryhähnchen

1 Das Mehl auf die Arbeitsfläche sieben, in die Mitte eine Mulde drücken. Das Ei, 2 Prisen Salz und die Milch hineingeben. Die Butter in kleinen Flöckchen auf dem Rand verteilen, alles mit einem großen Messer bröselig hacken. Dann zu einem glatten Teig verkneten und auf wenig Mehl in Formgröße ausrollen. In die Form legen, einen Rand von 3 cm formen, mindestens 30 Min. kühl stellen.

2 Inzwischen das Hähnchenfleisch in Streifen schneiden. Mit Pfeffer, Cayennepfeffer, Salz, Zitronensaft und -schale würzen. Den Knoblauch und den Ingwer schälen, durch die Presse dazudrücken. Frühlingszwiebeln und Pilze putzen und kleinschneiden.

3 Das Butterschmalz in einer Pfanne erhitzen, das Fleisch darin 3 Min. bei mittlerer Hitze braten. Zur Seite schieben, Zwiebeln und Pilze ebenfalls anbraten, dann alles durchmischen. Die Petersilie und 1 1/2 EL Currypulver unterrühren, mit dem Fond ablöschen und aufkochen lassen. Die Speisestärke in 2 EL kaltem Wasser anrühren, untermischen und alles weitere 2 Min. kochen lassen.

4 Den Backofen auf 200° vorheizen. Die saure Sahne mit den Eiern verquirlen, mit dem übrigen Curry, Salz und Pfeffer würzen. Das Fleisch auf dem Teig verteilen und mit der Sahnemischung begießen. Die Quiche im Ofen (Mitte, Umluft 180°) 1 Std. backen.

Hähnchen-Tomaten-Quiche

1 Die Blätterteigplatten nebeneinander auftauen lassen. Die Tomaten häuten und vierteln. Dann entkernen und klein würfeln. Die Frühlingszwiebeln putzen, waschen und in schmale Ringe schneiden. Das Hähnchenfleisch von Knochen und Haut befreien und würfeln.

2 Den Backofen auf 200° vorheizen. Die Blätterteigplatten aufeinander legen und auf wenig Mehl ausrollen. Die Form kalt ausspülen und mit dem Teig auskleiden, überstehenden Teig abschneiden.

3 Tomaten, Frühlingszwiebeln und Hähnchenfleisch auf den Teig geben. Eier, Milch und Sahne verquirlen, mit Salz, Pfeffer und Koriander würzen und darüber verteilen. Die Quiche im Ofen (Mitte, Umluft 180°) 30 Min. backen.

Zutaten für 4 Personen:

3 Scheiben Tiefkühl-Blätterteig (180 g)
2 Fleischtomaten
2 Frühlingszwiebeln
1 gegrilltes Hähnchen
4 Eier · 200 ml Milch
200 g Sahne
Salz · schwarzer Pfeffer
1 TL gemahlener Koriander
Mehl für die Arbeitsfläche
Und: 1 Quichform von 24 cm ø

Zubereitungszeit: 30 Min. (+ 30 Min. Backzeit)
Pro Portion etwa: 3105 kJ / 740 kcal
35 g EW / 54 g F / 30 g KH

Schnell

Zutaten für 4 Personen:

Für den Mürbeteig:
200 g Mehl
1 Ei
Salz
100 g Butter
Für den Belag:
250 g Schweinefilet
1 Eiweiß
1 TL Speisestärke
4 EL Sojasauce
100 g Shiitake-Pilze
1 Stück frischer Ingwer
100 g Mungobohnensprossen
3 EL Öl
1 getrocknete Chilischote
3 Eier
Salz
Pfeffer
2 EL geschälte Sesamsamen
Mehl für die Arbeitsfläche
Und: 1 feuerfeste Form von 28 cm ø

Zubereitungszeit: 1 Std. (+ 30 Min. Backzeit)
Pro Portion etwa:
2870 kJ / 685 kcal
26 g EW / 38 g F / 60 g KH

Für Gäste

Schweinefilet-Sesam-Quiche

1 Das Mehl auf die Arbeitsfläche geben, eine Mulde formen. Ei und Salz hineingeben. Butter in Flöckchen auf dem Rand verteilen. Alles mit einem Messer durchhacken, dann rasch zu einem glatten Teig verkneten. Den Teig in Klarsichtfolie wickeln und mindestens 30 Min. kühl stellen.

2 Inzwischen das Schweinefilet zuerst in 1 cm breite Scheiben, danach in feine Streifen schneiden. Das Eiweiß mit Speisestärke und 1 EL Sojasauce verrühren und mit dem Fleisch vermischen, 10 Min. ziehen lassen.

3 Die Pilze putzen, trockenreiben und in Scheiben schneiden. Den Ingwer schälen, fein hacken. Die Mungobohnensprossen kalt abbrausen. Das Öl in einer Pfanne erhitzen. Die Chilischote fein zerreiben und mit dem Ingwer und dem Fleisch in die Pfanne geben. Alles unter Rühren kräftig anbraten. Shiitakepilze und Mungobohnensprossen hinzufügen und kurz mitdünsten. Mit 2 EL Sojasauce würzen und beiseite stellen.

4 Den Backofen auf 200° vorheizen. Den Teig auf wenig Mehl rund ausrollen und in die Form geben. Dabei einen 3 cm hohen Rand formen.

5 Die Eier mit der restlichen Sojasauce verrühren. Mit Salz und Pfeffer würzen. 1 EL Sesamsamen unterrühren. Die vorbereitete Füllung auf den Teig geben. Mit der Eiersauce übergießen. Die Quiche im Backofen (Mitte, Umluft 175°) 20 Min. backen. Danach die restlichen Sesamsamen auf die Oberfläche der Quiche streuen. In weiteren 10 Min. fertigbacken.

Zutaten für 4–6 Personen:

Für den Mürbeteig:
125 g Butter
1 EL Erdnußcreme
Salz
1 Ei
250 g Mehl
Für den Belag:
250 g Putenschnitzel
250 g Lauch
250 g Möhren
1 grüne Chilischote
2 EL Erdnußöl
1 EL helle Sojasauce
Salz
Cayennepfeffer
50 g geröstete Erdnußkerne
2 Eier
100 g Doppelrahm-Frischkäse
150 g Sahne
Mehl für die Arbeitsfläche
Und: 1 feuerfeste Form von 28 cm ø

Zubereitungszeit: 1 Std.
(+ 35 Min. Backzeit)
Bei 6 Personen pro Portion etwa: 2585 kJ / 615 kcal
22 g EW / 41 g F / 43 g KH

Preiswert

Erdnußquiche mit Pute

1 Die Butter mit der Erdnußcreme, Salz, Ei und 2 EL Wasser cremig rühren. Mehl dazugeben und alles zu einem glatten Teig verkneten. Den Teig zugedeckt bei Zimmertemperatur 30 Min. ruhen lassen.

2 Inzwischen die Putenschnitzel in Streifen schneiden. Den Lauch putzen, längs aufschlitzen und gründlich waschen. Danach quer in Streifen schneiden. Die Möhren waschen, schälen und klein würfeln. Chilischote längs halbieren, von den Trennwänden befreien, waschen und streifig schneiden.

3 Das Erdnußöl erhitzen, die Putenstreifen darin kräftig anbraten. Herausnehmen, mit Sojasauce beträufeln und zugedeckt ziehen lassen. Die Möhren in kochendem Salzwasser 1 Min. blanchieren. Lauch dazugeben. Das Gemüse noch 1 Min. blanchieren. Abtropfen lassen. Danach mit dem Fleisch und den Chilistreifen mischen.

4 Den Backofen auf 200° erhitzen. Den Teig auf wenig Mehl rund ausrollen und die Form damit auskleiden. Die Fleischmischung auf dem Teigboden verteilen. Mit Salz und Cayennepfeffer würzen.

5 Die Erdnußkerne grob hacken. Die Eier mit Frischkäse und Sahne cremig rühren. Die Erdnüsse unterheben. Mit Salz und Cayennepfeffer abschmecken. Die Creme über die Füllung geben. Die Quiche im Backofen (Mitte, Umluft 175°) 35 Min. backen.

Dazu schmeckt Mineralwasser.

Apfel-Zwiebel-Quiche mit Speck

Zutaten für 4–6 Personen:

Für den Quarkteig:
150 g Mehl
150 g Magerquark
150 g weiche Butter
1 Prise Salz
Für den Belag:
500 g Zwiebeln
500 g Äpfel (z. B. Elstar, Cox Orange)
2 EL Zitronensaft
150 g durchwachsener Räucherspeck
2 EL Butter
Salz · Pfeffer
1 TL getrockneter Majoran
2 Eier
250 g Crème fraîche
80 g frisch geriebener Appenzeller
Fett für die Form
Mehl für die Arbeitsfläche
Und: 1 feuerfeste Form von 26 cm ø

Zubereitungszeit: 50 Min. (+ 30 Min. Backzeit)
Bei 6 Personen pro Portion etwa: 3235 kJ / 775 kcal
21 g EW / 61 g F / 38 g KH

Preiswert

1 Das Mehl in eine Schüssel füllen. Den Quark in einem Tuch auspressen, dann mit der Butter und dem Salz zum Mehl geben. Alles mit den Knethaken des Handrührgeräts zu einem geschmeidigen Teig verkneten und zugedeckt mindestens 30 Min. kühl stellen.

2 Die Zwiebeln schälen und in feine Ringe schneiden. Die Äpfel schälen, achteln, vom Kernhaus befreien und in Scheiben schneiden. Mit dem Zitronensaft beträufeln, damit sie sich nicht verfärben.

3 Den Speck in kleine Würfel schneiden und mit der Butter in einer breiten Pfanne mischen. Den Speck bei schwacher Hitze ausbraten. Die Zwiebeln dazugeben und bei mittlerer Hitze 3 Min. dünsten. Die Apfelscheiben dazugeben, alles weitere 5 Min. dünsten. Mit Salz, Pfeffer und Majoran würzen und immer wieder umrühren. Die Pfanne vom Herd nehmen. Die Eier mit der Crème fraîche und dem Käse verrühren.

4 Den Backofen auf 200° vorheizen. Die Form fetten. Den Teig auf wenig Mehl rund ausrollen, in die Form legen und einen 3 cm hohen Rand hochziehen. Die Apfel-Zwiebel-Mischung gleichmäßig darauf verteilen und mit der Eiercreme übergießen. Die Quiche im Backofen (Mitte, Umluft 180°) 30 Min. backen.

Tip: Statt Speck können Sie auch geräucherte Puten-, Enten- oder Gänsebrust nehmen.

Dazu paßt Bier oder Mineralwasser.

Kürbis-Speck-Quiche

Zutaten für 4–6 Personen:

Für den Mürbeteig:
200 g Mehl · 1 Ei
Salz · 5 EL Milch
80 g kalte Butter
Für den Belag:
500 g Kürbisfleisch (geschält und entkernt, etwa 750 g ungeputzt)
300 g Tomaten
1 rote frische Chilischote
Salz · Pfeffer · Cayennepfeffer
1 walnußgroßes Stück frischer Ingwer
200 g durchwachsener Räucherspeck
200 g Crème fraîche · 4 Eier
1 TL Currypulver · 1 Bund Petersilie
2 EL Kürbiskerne
Mehl für die Arbeitsfläche
Pergamentpapier und Hülsenfrüchte zum Blindbacken
Und: 1 feuerfeste Form von 26 cm ø

Zubereitungszeit: 1 1/4 Std.
(+ 55 Min. Backzeit)
Bei 6 Personen pro Portion etwa:
2675 kJ / 640 kcal
21 g EW / 46 g F / 35 g KH

Für Gäste

1 Für den Mürbeteig das Mehl auf eine Arbeitsfläche sieben und in die Mitte eine Mulde drücken. Das Ei, 2 Prisen Salz und die Milch hineingeben. Die Butter in kleinen Flöckchen auf dem Rand verteilen und alles mit einem Messer bröselig hacken. Rasch zu einem glatten Teig verkneten und auf wenig Mehl rund ausrollen. Den Teig in die Form legen, einen Rand hochdrücken. Den Teig mindestens 30 Min. kühl stellen.

2 Inzwischen das Kürbisfleisch in Stücke schneiden. Die Tomaten häuten und grob hacken. Die Chilischote entkernen, waschen und in feine Streifen schneiden. Kürbis mit Tomaten und Chili in einen Topf geben und zugedeckt bei schwacher Hitze 40 Min. köcheln lassen. Noch heiß grob zerdrücken und auf einem feinen Sieb abtropfen lassen. Das Kürbismus mit Salz, Pfeffer und Cayennepfeffer kräftig abschmecken. Den Ingwer schälen und durch die Presse dazudrücken.

3 Den Backofen auf 200° (Umluft 180°) vorheizen. Den Speck würfeln und leicht ausbraten. Crème fraîche und Eier mit dem Currypulver verrühren. Den Teigboden mit Papier und Hülsenfrüchten belegen und im heißen Ofen (Mitte) 10 Min. blindbacken. Dann Papier und Hülsenfrüchte entfernen.

4 Inzwischen die Petersilie fein hacken. Mit den Speckwürfeln und der Eiermischung unter das Kürbismus mischen. Die Masse auf dem Teigboden verteilen und mit den Kürbiskernen bestreuen. Weitere 45 Min. backen.

KLASSIKER AUS ALLER WELT

Zutaten für 4 Personen:

Für den Hefeteig:
1/2 Würfel Hefe (20 g)
1 Prise Zucker
450 g Mehl
4 EL Olivenöl
1 TL Salz
Für den Belag:
1 große Dose geschälte Tomaten (800 g)
250 g Mozzarella
Salz
schwarzer Pfeffer
4 EL frisch geriebener Parmesan
4 EL Olivenöl
1/2–1 Bund Basilikum
Olivenöl für die Formen
Mehl für die Arbeitsfläche
Und: 4 Pizzaformen von je 20 cm ø

Zubereitungszeit: 1 1/2 Std. (+ 30 Min. Backzeit)
Pro Portion etwa: 3420 kJ / 820 kcal
31 g EW / 33 g F / 89 g KH

Preiswert

Pizza Margherita

1 Die Hefe in eine Tasse bröckeln und mit 200 ml lauwarmem Wasser und dem Zucker glattrühren. Das Mehl mit dem Olivenöl und Salz dazugeben und alles zu einem geschmeidigen Teig verkneten. Zugedeckt an einem warmen Ort 1 Std. ruhen lassen.

2 Den Backofen auf 225° vorheizen. Die Pizzaformen mit Öl ausstreichen. Den Teig in 4 Portionen teilen, auf wenig Mehl rund ausrollen und in die Formen legen.

3 Die Tomaten abtropfen lassen und mit einer Gabel zerdrücken, auf die Pizzaböden verteilen. Dabei einen 2 cm breiten Rand frei lassen. Den Mozzarella in dünne Scheiben schneiden und auf die Tomaten legen. Mit Salz, Pfeffer und Parmesan bestreuen und mit dem Olivenöl beträufeln.

4 Nacheinander je 2 Pizzen im Ofen (unten, Umluft 200°) in 15 Min. backen. Mit Basilikumblättchen belegt servieren.

Tip: Diese Pizza ist auch als »Pizza napoletana« bekannt, und dieser Name verrät ihre Herkunft: Sie wurde in Neapel erfunden und erstmals für die Königin Margherita gebacken. Heute ist die Pizza mit den schlichten Zutaten die beliebteste Pizza überhaupt. Mal wird das Basilikum, wie hier, nach dem Backen obenauf gelegt, dann wieder kommt es, kleingehackt, zusammen mit den Tomaten vor dem Backen auf den Teig. Diese Variante ist allerdings weniger dekorativ.

Tip: Wer eine größere Gästeschar mit dieser Pizza bewirten möchte, bereitet die doppelte Menge zu und backt die Pizza in 2 Portionen auf dem Blech.

Pizza ai quattro formaggi

Zutaten für 4–6 Personen:

Für den Hefeteig:
1/2 Würfel Hefe (20 g)
1 Prise Zucker
300 g Mehl
1 TL Salz · 6 EL Olivenöl
Für den Belag:
125 g Mozzarella
125 g junger Pecorino
125 g Gorgonzola
100 g Parmesan
4 Knoblauchzehen
2 Zweige Salbei
5 EL Olivenöl
schwarzer Pfeffer
Olivenöl für das Backblech
Mehl für die Arbeitsfläche

Zubereitungszeit: 1 1/2 Std.
(+ 12–15 Min. Backzeit)
Bei 6 Personen pro Portion etwa:
2560 kJ / 615 kcal
28 g EW / 37 g F / 43 g KH

Gelingt leicht

1 Die Hefe in eine Tasse bröckeln und mit 1/8 l lauwarmem Wasser und dem Zucker glattrühren. Mit dem Mehl, Salz und Olivenöl zu einem glatten geschmeidigen Teig verkneten, der sich vom Schüsselrand löst. Zugedeckt an einem warmen Ort 1 Std. gehen lassen.

2 Inzwischen für den Belag den Mozzarella, den Pecorino und den Gorgonzola in kleine Würfel schneiden. Den Parmesan reiben. Die Knoblauchzehen schälen und in dünne Scheibchen schneiden oder hacken. Den Salbei waschen, abtrocknen, die Blättchen abzupfen und in Streifen schneiden.

3 Den Backofen auf 225° vorheizen. Ein Backblech mit Olivenöl fetten. Den Hefeteig auf wenig Mehl noch einmal gut durchkneten, dann dünn ausrollen und auf das Blech heben. Einen schmalen Rand formen. (Wer möchte, kann auch kleine Pizzen formen.)

4 Den Knoblauch, den Käse und die Salbeiblättchen auf der Pizza verteilen, das Olivenöl gleichmäßig darüber träufeln. Etwas Pfeffer darüber mahlen. Die Pizza im Ofen (unten, Umluft 200°) 12–15 Min. backen.

Tip: Für die Pizza eignen sich Mozzarella, junger Pecorino, Gorgonzola und Parmesan besonders gut. Mozzarella ist ein milder, frischkäseähnlicher, aber festerer Käse, der heute zumeist aus Kuhmilch hergestellt wird. Pecorino ist ein Hartkäse, der aus unterschiedlichen Milchsorten hergestellt sein kann, meist jedoch entsteht er aus Schafmilch. Gorgonzola ist ein würziger Edelpilzkäse und Parmesan ein beliebter, aromatischer Hartkäse. Wer möchte, kann eine der Käsesorten durch Bel Paese, Roquefort oder andere aromatische Käse ersetzen.

Zutaten für 4 Personen:

Für den Hefeteig:
1/2 Würfel Hefe (20 g)
1 Prise Zucker
450 g Mehl
4 EL Olivenöl
1 TL Salz
Für den Belag:
1 große Dose geschälte Tomaten (800 g)
Salz · schwarzer Pfeffer
2 TL getrockneter Oregano
4 Sardellenfilets
125 g grüne paprikagefüllte Oliven
100 g gekochter Schinken in dünnen Scheiben
125 g Champignons
250 g Mozzarella
4 EL Olivenöl
Olivenöl für die Formen
Mehl für die Arbeitsfläche
Und: 4 Pizzaformen von je 20 cm ø

Zubereitungszeit: 1 1/2 Std. (+ 30 Min. Backzeit)
Pro Portion etwa:
3480 kJ / 830 kcal
35 g EW / 32 g F / 102 g KH

Gelingt leicht

Pizza Capricciosa

1 Die Hefe in eine Tasse bröckeln und mit 200 ml lauwarmem Wasser und dem Zucker glattrühren. Das Mehl mit dem Öl und Salz dazugeben und alles zu einem geschmeidigen Teig verkneten. Zugedeckt an einem warmen Ort 1 Std. ruhen lassen

2 Den Backofen auf 225° vorheizen. Die Pizzaformen mit Öl ausstreichen. Den Teig in 4 Portionen teilen, auf wenig Mehl rund ausrollen und in die Formen legen.

3 Die Tomaten abtropfen lassen und mit einer Gabel zerdrücken, auf den Pizzaböden verteilen. Dabei einen 2 cm breiten Rand frei lassen. Mit Salz, Pfeffer und Oregano würzen.

4 Die Sardellenfilets kalt abspülen, abtrocknen und in feine Streifen schneiden. Die Oliven halbieren. Den Schinken in schmale Streifen schneiden. Die Champignons waschen, putzen und in Scheiben schneiden. Alles auf den Pizzaböden verteilen.

5 Den Mozzarella in dünne Scheiben schneiden und auf die Pizzen legen, diese mit Olivenöl beträufeln. Nacheinander je 2 Pizzen im Ofen (unten, Umluft 200°) 15 Min. backen.

Tip: »Die Übermütige« heißt diese Pizza, und sie wird, ganz nach Lust, Laune und Geschmack, immer wieder anders belegt. Sie können sie auch auf einem Backblech zubereiten und somit alle Portionen auf einmal backen.

Zutaten für 4–6 Personen:

Für den Hefeteig:
1/2 Würfel Hefe (20 g)
1 Prise Zucker · 450 g Mehl
4 EL Olivenöl · 1 TL Salz
Für den Belag:
1 große Dose geschälte Tomaten (800 g)
Salz · schwarzer Pfeffer
2 TL getrockneter Oregano
75 g gekochter Schinken
1/2 gelbe Paprikaschote
1 kleine Zwiebel
60 g Miesmuschelfleisch (aus dem Glas)
60 g schwarze Oliven
4 Sardellenfilets
100 g Artischockenherzen
8 kleine eingelegte Peperoni
250 g Mozzarella · 4 EL Olivenöl
Olivenöl für die Formen
Mehl für die Arbeitsfläche
Und: 4–6 Pizzaformen von je 20 cm ø

Zubereitungszeit: 1 1/2 Std. (+ 30 Min. Backzeit)
Bei 6 Personen pro Portion etwa: 2610 kJ / 625 kcal
25 g EW / 25 g F / 80 g KH

Für Gäste

Pizza quattro stagioni

1 Die Hefe in eine Tasse bröckeln und mit 200 ml lauwarmem Wasser und dem Zucker glattrühren. Das Mehl mit dem Öl und dem Salz dazugeben. Alles zu einem geschmeidigen Teig verkneten. Zugedeckt an einem warmen Ort 1 Std. ruhen lassen.

2 Den Backofen auf 225° vorheizen. Die Pizzaformen mit Öl ausstreichen. Den Teig in 4 Portionen teilen, auf wenig Mehl rund ausrollen und in die Formen legen.

3 Die Tomaten abtropfen lassen und mit einer Gabel zerdrücken, auf den Pizzaböden verteilen. Dabei einen 2 cm breiten Rand frei lassen und ganz leicht auf jeder Pizza 4 Segmente markieren. Mit Salz, Pfeffer und Oregano würzen.

4 Den Schinken würfeln, die Paprikaschote putzen, waschen und in feine Streifen schneiden. Bei jeder Pizza ein Viertel damit belegen.

5 Die Zwiebel schälen und in dünne Scheiben schneiden, zusammen mit den Muscheln auf ein zweites Viertel geben. Die Oliven entsteinen, die Sardellenfilets waschen und vierteln, zusammen auf ein weiteres Viertel legen. Die Artischockenherzen und die Peperoni halbieren und jeweils auf dem letzten Pizzaviertel verteilen.

6 Den Mozzarella in dünne Scheiben schneiden und auf die Pizzen legen, diese mit Olivenöl beträufeln. Nacheinander je 2 Pizzen im Ofen (unten, Umluft 200°) 15 Min. backen.

Tip: Besonders hübsch sieht die Pizza aus, wenn Sie sie vor dem Servieren mit frischen Oreganoblättchen garnieren.

Zutaten für 4 Personen:

- 1/2 Würfel Hefe (20 g)
- 250 g Mehl
- Salz
- 5 EL Olivenöl
- 1 EL getrockneter Thymian
- 1 EL getrockneter Rosmarin
- 1 EL Tomatenmark
- 1 Knoblauchzehe
- Olivenöl für das Blech
- Mehl für die Arbeitsfläche

Zubereitungszeit: 1 1/2 Std. (+ 12–16 Min. Backzeit)
Pro Portion etwa: 1420 kJ / 340 kcal
9 g EW / 11 g F / 52 g KH

Für Gäste

Pizzabrot

1 Die Hefe in eine Tasse bröckeln und mit 150 ml lauwarmem Wasser glattrühren. Das Mehl mit 1 TL Salz, der Hefe, 3 EL Olivenöl und den Kräutern zu einem geschmeidigen Teig verkneten. Den Teig zugedeckt an einem warmen Ort 45 Min. gehen lassen.

2 Den Teig noch einmal durchkneten, in 8 Portionen teilen und auf wenig Mehl zu 10 cm großen Fladen ausrollen. Das Backblech oder mehrere Bleche fetten. Den Teig darauf legen und zugedeckt bei Zimmertemperatur weitere 15 Min. ruhen lassen.

3 Den Backofen auf 250° (Umluft 220°) vorheizen. Das Tomatenmark mit dem restlichen Öl verrühren. Den Knoblauch schälen und dazupressen, leicht salzen und mit einem Pinsel dünn auf die Teigfladen streichen. Nacheinander die Fladen im Ofen (unten) 6–8 Min. backen.

Tip: Stellen Sie am besten noch Olivenöl auf den Tisch, so kann sich jeder einen dünnen Strahl auf die knusprige Pizza gießen. Füllen Sie es dazu in eine kleine Flasche oder in ein Alukännchen, das es im Küchenladen zu kaufen gibt.

Das besondere Rezept !

Pizzabrot ist nicht zum Sattessen gedacht, sondern für den ersten Hunger! Wenn Ihre Gäste eintreffen und schon einmal ein Gläschen trinken, können sie sich zum Aperitif ein Stück vom aromatischen, knusprig gebackenen Pizzabrot schmecken lassen. Am besten schneiden Sie den runden Fladen in schmale Tortenstücke und richten diese auf einem großen Teller an.
Und: backen Sie das zweite Pizzabrot erst, wenn das erste fast aufgegessen ist, denn frisch aus dem Ofen schmeckt es einfach am besten. Sie können übrigens problemlos auch die doppelte Menge zubereiten und das Pizzabrot auch noch zur Vorspeise als Beilage reichen. Pizzabrot schmeckt fast immer, egal, was Sie hinterher servieren – nur mit asiatischen Gerichten harmoniert es nicht.

Türkische Pizza

Zutaten für 4 Personen:

Für den Hefeteig:
1/2 Würfel Hefe (20 g)
450 g Mehl
1 TL Salz

Für den Belag:
2 Fleischtomaten
1 Bund Frühlingszwiebeln
2 große Peperoni, je nach Belieben scharf oder mild
2 Bund Petersilie
250 g Lammhackfleisch (vom Metzger durchdrehen lassen)
Salz
schwarzer Pfeffer
Paprika, rosenscharf
gemahlener Kreuzkümmel
4 EL Olivenöl
3 rote Zwiebeln
Öl für das Backblech
Mehl für die Arbeitsfläche

Zubereitungszeit: 1 1/2 Std. (+ 4 x 15 Min. Backzeit)
Pro Portion etwa: 3040 kJ / 725 kcal
24 g EW / 23 g F / 107 g KH

Braucht etwas Zeit

1 Für den Teig die Hefe in eine Schüssel bröckeln und mit 1/4 l lauwarmem Wasser glattrühren. Mit dem Mehl und dem Salz zu einem glatten, geschmeidigen Teig verkneten. Zugedeckt an einem warmen Ort 45 Min. gehen lassen.

2 Inzwischen für den Belag die Stielansätze der Tomaten entfernen. Tomaten kurz überbrühen, häuten, vierteln, entkernen und hacken. Die Frühlingszwiebeln waschen, putzen und fein würfeln. Die Peperoni längs halbieren, die Kerne herauswaschen und die Schoten sehr klein schneiden. 1 Bund Petersilie waschen, abtrocknen und ebenfalls hacken.

3 Das Hackfleisch mit den Tomaten, den Frühlingszwiebeln, den Peperoni und der Petersilie mischen, mit Salz, Pfeffer, Paprikapulver und etwas Kreuzkümmel kräftig würzen.

4 Den Backofen auf 225° (Umluft 200°) vorheizen. Backblech fetten. Teig auf wenig Mehl noch einmal durchkneten und in 8 Portionen teilen. Nacheinander zu ovalen Fladen ausrollen.

5 Zwei Teigfladen auf das Blech setzen, dünn mit Hackfleisch bestreichen und mit etwas Olivenöl beträufeln. Ränder nach innen klappen. Die Pizza im Ofen (Mitte) 15 Min. backen. Nach und nach die restlichen Pizzen zubereiten und backen.

6 Inzwischen die roten Zwiebeln schälen und in feine Ringe schneiden, die übrige Petersilie waschen, abtrocknen und hacken. Beides mischen und zum Servieren auf die Pizzen streuen.

Quiche lorraine

Zutaten für 4–6 Personen:

Für den Mürbeteig:
300 g Mehl
1/2 TL Salz
200 g Butter
Für den Belag:
200 g durchwachsener Räucherspeck in Scheiben
1 EL Butterschmalz
300 g Sahne
2 Eigelbe
2 Eier
Salz
schwarzer Pfeffer
frisch griebene Muskatnuß
Mehl für die Arbeitsfläche
Und: 1 feuerfeste Form von 30 cm ø

Zubereitungszeit: 1 Std. (+ 45 Min. Backzeit)
Bei 6 Personen pro Portion etwa: 3295 kJ / 785 kcal
21 g EW / 63 g F / 39 g KH

Preiswert

Dazu schmeckt ein leichter Weißwein oder ein Rosé aus dem Elsaß.

1 Das Mehl mit dem Salz auf die Arbeitsfläche geben, in die Mitte eine Mulde drücken, 6 EL eiskaltes Wasser hineingeben. Die Butter in Flöckchen auf dem Rand verteilen. Alle Zutaten mit einem Messer durchhacken, dann rasch zu einem glatten Teig verarbeiten. Den Teig in Folie wickeln und mindestens 30 Min. kühl stellen.

2 Inzwischen den Speck in feine Streifen schneiden. Das Butterschmalz in einer Pfanne erhitzen und den Speck darin bei mittlerer Hitze glasig braten. Den Backofen auf 220° vorheizen.

3 Den Teig auf wenig Mehl rund ausrollen. Boden und Rand der Form damit auslegen. Die abgekühlten Speckstreifen darauf verteilen. Die Sahne mit den Eigelben und den Eiern gut verrühren. Mit Salz, Pfeffer und Muskat würzen und über die Speckstreifen gießen. Die Quiche im heißen Ofen (Mitte, Umluft 200°) in 45 Min. goldbraun backen. Herausnehmen und etwas abkühlen lassen.

Tips: Die echte Quiche lorraine – in der Übersetzung heißt der pikante Kuchen Lothringer Speckkuchen – wird ohne Käse zubereitet. Wenn Sie eine Variante mit Käse möchten, probieren Sie doch das Rezept unten einmal aus!

Am besten schmeckt diese Spezialität aus dem Elsaß, wenn man sie lauwarm serviert. Sie können Sie also schon eine ganze Weile vor dem Essen zubereiten und im abgeschalteten Backofen stehenlassen. So ist sie auch nach einer Stunde noch köstlich frisch und gut durchgezogen.

Noch feiner wird die Quiche, wenn Sie statt Speck eine Mischung aus gekochtem und roh geräuchertem Schinken nehmen und zusätzlich 1 Bund gemischte Kräuter, fein gehackt, unter den Belag mischen.

Variante:
Quiche mit Schinken und Käse

Für den Teig 150 g Butter, 1 Ei und 1/2 TL Salz mit 300 g Mehl und 1 EL geriebenem Greyerzer dazugeben und zu einem glatten Teig verkneten.
Für den Belag 100 g gekochten und 100 g rohen Schinken würfeln. Mit je 1 feingehackten Zwiebel und Knoblauchzehe mischen. 1 EL gemischte Kräuter dazugeben. Die Zutaten mit 2 EL Öl mischen. 3 Eier mit 200 g Sahne und 100 g geriebenem Greyerzer mischen. Backofen auf 220° vorheizen. Eine Quicheform mit dem ausgerollten Teig belegen. Die Schinkenmischung daraufgeben. Die Eier-Käse-Mischung darüber gießen. Im Backofen (Umluft 200°) 40 Min. backen.

Den Teig gut in die Form drücken, einen Rand hochziehen. Überstehenden Teig abschneiden.

Den ausgebratenen Speck etwas abtropfen lassen, dann auf den Teig geben.

Zum Schluß die Eiersahne gleichmäßig über den Speck gießen.

Zutaten für 6 Personen:

Für den Brotteig:
400 g Roggenmehl Type 1370
15 g frische Hefe
50 g Sauerteig (Reformhaus)
1 TL Salz
Für den Belag:
150 g durchwachsener Räucherspeck
3 Zwiebeln
200 g Quark
200 g Sahne
1 EL Mehl
1 TL Salz
3 EL Walnußöl
Fett für das Blech
Mehl für die Arbeitsfläche

Zubereitungszeit: 1 1/4 Std. (+ 25 Min. Backzeit)
Pro Portion etwa: 2395 kJ / 575 kcal
21 g EW / 29 g F / 61 g KH

Für Gäste

Flammenkuchen

1 Das Mehl in eine Schüssel geben und in die Mitte eine Mulde drücken. Die Hefe zerbröckeln und mit 50 ml lauwarmem Wasser verrühren. In die Mulde geben. Zugedeckt an einem warmen Ort 15 Min. gehen lassen.

2 Dann 200 ml lauwarmes Wasser mit dem Sauerteig und Salz verrühren. Alles zu einem glatten, nicht zu festen Teig verarbeiten. Den Teig zugedeckt an einem warmen Ort 45 Min. gehen lassen.

3 Inzwischen den Speck zuerst in 1 cm dicke Scheiben, danach in feine Streifen schneiden. Die Zwiebeln schälen und fein würfeln. Den Quark mit Sahne, Mehl, Salz und Öl zu einer geschmeidigen Creme verrühren. Die Zwiebelwürfel unterrühren.

4 Ein Backblech fetten. Den Backofen auf 220° vorheizen. Den Brotteig auf wenig Mehl nochmals durchkneten, nach Wunsch halbieren. Einen oder zwei Fladen dünn ausrollen und auf das Blech legen. Die Creme darauf verstreichen. Die Speckstreifen darüber streuen. Den Flammenkuchen im heißen Ofen (Mitte, Umluft 200°) 25 Min. backen.

Tips: Der Flammenkuchenteig ist so knusprig, daß man ihn am besten mit einer Küchenschere oder einem Pizzaschneider zerteilt.

Flammenkuchen läßt sich gut auf Vorrat backen und einfrieren. Zum Aufbacken den gefrorenen Kuchen in Stücken im heißen Ofen bei 180° (Mitte, Umluft 160°) in 10–15 Min. auftauen und heiß werden lassen.

Dazu schmeckt ein Riesling oder Sylvaner aus dem Elsaß.

Zutaten für 4 Personen:

Für den Hefeteig:
15 g frische Hefe
1/8 l lauwarme Milch
250 g Mehl
1/2 TL Salz
1 Prise Zucker
50 g weiche Butter
Für den Belag:
250 g Schweizer Emmentaler
2 Eier
250 g Sahne
2 EL Mehl
Salz
schwarzer Pfeffer
1–2 TL Kümmel
Mehl für die Arbeitsfläche
Butter für die Form
Und: 1 Wähenform von 30 cm ø

Zubereitungszeit: 1 1/4 Std.
(+ 35 Min. Backzeit)
Pro Portion etwa:
3315 kJ / 790 kcal
32 g EW / 48 g F / 59 g KH

Preiswert

Schweizer Käsewähe

1 Die Hefe in eine Tasse bröckeln und mit etwas Milch glattrühren. In einer großen Schüssel mit den übrigen Zutaten für den Teig zu einem glatten, geschmeidigen Teig verkneten. Zugedeckt an einem warmen Ort 45 Min. ruhen lassen.

2 Inzwischen den Emmentaler reiben. Die Eier mit der Sahne und dem Mehl glattrühren, mit Salz, Pfeffer und Kümmel würzen. Den Käse untermischen.

3 Den Backofen auf 200° vorheizen, die Wähenform fetten. Den Teig auf wenig Mehl noch einmal durchkneten und zu einem 35 cm großen Kreis ausrollen. Die Form damit auskleiden, überstehenden Teig dabei zu einer Rolle formen und an den Rand der Form drücken, damit ein etwas dickerer Teigrand entsteht. Den Teigboden mit einer Gabel mehrmals einstechen.

4 Die Eier-Käse-Mischung auf den Teigboden geben und die Käsewähe im Ofen (Mitte, Umluft 180°) 35 Min. backen.

Tip: Sie können die Wähe auch in einer Springform backen. Dann aber den Teigrand nicht ganz bis nach oben ziehen.

Der Tip vom Profi

Zwiebel ist nicht gleich Zwiebel. Zwiebeln unterscheiden sich nicht nur durch die Schärfe, sie sind auch ganz unterschiedlich im Aroma. Die schärfste aus der Zwiebelfamilie ist die normale Haushaltszwiebel. Weniger scharf, dafür um einiges aromatischer ist die Schalotte, ebenfalls milder und intensiv im Geschmack die rote Zwiebel. Fast schon zu mild, um sie zum Garen zu verwenden, ist die weiße Zwiebel, sie schmeckt am besten roh, zum Beispiel im Tomaten- oder Wurstsalat.
In Ringe schneiden lassen sich Zwiebeln am besten mit dem entsprechenden Einsatz der Rohkostreibe, die aber auf jeden Fall einen Fingerschutz haben sollte, mit dem man das Gemüse fest fassen kann. Danach die einzelnen Zwiebelringe auseinander lösen.

Zutaten für 6 Personen:

Für den Mürbeteig:
250 g Mehl
1/2 TL Salz
1 Ei
125 g kalte Butter
Für den Belag:
600 g Zwiebeln
50 g Butter
Salz
schwarzer Pfeffer
1/4–1/2 TL Paprika, rosenscharf
2 EL Mehl
200 ml Milch
2 Eigelbe
200 g Sahne
100 g magerer Räucherspeck
100 g Greyerzer
Mehl für die Arbeitsfläche
Und: 1 feuerfeste Form von 28 cm ø

Zubereitungszeit: 1 1/4 Std.
(+ 40 Min. Backzeit)
Pro Portion etwa:
2840 kJ / 680 kcal
19 g EW / 49 g F / 40 g KH

Für die große Runde

Elsässer Zwiebelkuchen

1 Das Mehl mit dem Salz auf die Arbeitsfläche geben, in die Mitte eine Mulde drücken. Das Ei hineingeben, die Butter in Flöckchen am Rand verteilen. Mit einem Messer durchhacken, dann rasch zu einem glatten Teig verkneten. Zugedeckt 1 Std. kühl stellen.

2 Inzwischen die Zwiebeln schälen und in dünne Scheiben schneiden, die Scheiben in Ringe teilen. Die Hälfte der Butter in einer Pfanne zerlassen, die Zwiebeln darin bei mittlerer Hitze unter häufigem Rühren goldgelb braten. Mit Salz, Pfeffer und Paprikapulver würzen.

3 Gleichzeitig die restliche Butter in einem Topf zerlassen. Das Mehl hineinstreuen und goldgelb werden lassen, dann unter Rühren mit der Milch ablöschen. Bei schwacher Hitze 5 Min. köcheln lassen. Den Topf vom Herd nehmen, erst die Eigelbe und die Sahne, dann die Zwiebeln unterrühren.

4 Den Backofen auf 200° vorheizen. Den Teig auf leicht bemehlter Fläche noch einmal durchkneten, dünn ausrollen und die Form damit auskleiden. Überstehenden Teig abschneiden.

5 Den Speck von Schwarte und Knorpeln befreien und in feine Würfel schneiden. Den Käse grob raspeln. Die Zwiebelmischung auf den Teig geben, mit Käse und Speck bestreuen. Im Ofen (Mitte, Umluft 180°) 40 Min. backen. Vor dem Anschneiden 10 Min. ruhen lassen.

Pissaladière

Zutaten für 4 Personen:

Für den Hefeteig:
1 Würfel Hefe (42 g)
400 g Mehl
Salz
4 EL Olivenöl
Für den Belag:
1 kg feste Tomaten
500 g Zwiebeln
2 Knoblauchzehen
2 EL Olivenöl
8 Sardellenfilets in Öl
12 kleine schwarze Oliven
Fett für das Blech
Mehl für die Arbeitsfläche

Zubereitungszeit: 1 1/4 Std.
(+ 25 Min. Backzeit)
Pro Portion etwa:
2385 kJ / 570 kcal
16 g EW / 16 g F / 93 g KH

Gelingt leicht

1 Die Hefe zerkrümeln und mit 1/8 l lauwarmem Wasser verrühren. Das Mehl mit 1 kräftigen Prise Salz mischen. Die Hefe mit dem Olivenöl dazugeben, alles zu einem glatten, geschmeidigen Teig verkneten. Den Teig zugedeckt an einem warmen Ort 1 Std. gehen lassen.

2 Inzwischen die Stielansätze der Tomaten entfernen. Die Tomaten kurz überbrühen und häuten. Danach in Würfel schneiden. Die Zwiebeln und den Knoblauch schälen und in kleine Würfel schneiden. Das Öl in einem Topf erhitzen. Zwiebeln, Knoblauch und Tomaten hineingeben und unter Rühren bei mittlerer Hitze in 5 Min. etwas einkochen lassen.

3 Den Backofen auf 225° vorheizen. Ein Backblech fetten. Den Teig nochmals durchkneten und auf wenig Mehl ausrollen. Das Blech damit belegen. Den Rand etwas dicker formen. Die Tomatenmasse darauf verteilen. Die Sardellen längs halbieren und als Gittermuster auf die Tomaten legen. Die Oliven dazwischen verteilen. Pissaladière im Backofen (Mitte, Umluft 200°) 25 Min. backen.

Tip: Wer möchte, gibt noch 1 TL getrocknete Kräuter der Provence an die Tomatensauce.

Dazu schmeckt ein leichter Rotwein, z. B. Rioja oder ein Côtes de Provence.

Focaccia mit Kräutern und Käse

Zutaten für 4 Personen:

Für den Hefeteig:
400 g Mehl
1/2 TL Salz
1/2 Würfel Hefe (20 g)
5 EL Olivenöl
Für die Füllung:
200 g Gorgonzola
2 Zweige Rosmarin
2 Zweige Oregano
3 EL Olivenöl
30 g frisch geriebener Parmesan
Salz
Fett für das Backblech
Mehl für die Arbeitsfläche

Zubereitungszeit: 1 1/2 Std.
(+ 20 Min. Backzeit)
Pro Portion etwa:
3065 kJ / 735 kcal
25 g EW / 34 g F / 80 g KH

Preiswert

1 Das Mehl mit dem Salz in einer Schüssel mischen. Die Hefe mit 200 ml lauwarmem Wasser verrühren. Mit dem Olivenöl zum Mehl geben und alles zu einem glatten, geschmeidigen Teig verkneten. Zugedeckt an einem wamen Ort 1 Std. gehen lassen.

2 Inzwischen den Gorgonzola mit einer Gabel zerdrücken. Die Kräuter waschen und von den Stielen zupfen. Danach fein hacken. Den Gorgonzola mit den Kräutern, 2 EL Olivenöl und dem Parmesan vermischen. Mit Salz abschmecken.

3 Das Backblech fetten. Den Hefeteig auf wenig Mehl nochmals durchkneten und halbieren.

4 Die Teigstücke auf wenig Mehl zu dünnen Rechtecken ausrollen. Den Backofen auf 220° (Umluft 200°) vorheizen.

5 Ein Teigstück auf das Blech legen, die Füllung darauf verteilen. Mit dem zweiten Teigstück bedecken. Die Ränder gut mit etwas Wasser verkleben. In die Oberfläche mit einem Teelöffel kleine Mulden drücken und mit dem restlichen Olivenöl beträufeln. Zugedeckt nochmals 10 Min. gehen lassen. Dann im heißen Backofen (Mitte) 20 Min. backen.

Tip: Wer möchte, bestreut die Oberfläche mit Rosmarin und grobem Meersalz.

Focaccia mit Ziegenfrischkäse

1 Das Mehl mit dem Salz und 3 EL Olivenöl mischen. So viel lauwarmes Wasser unterkneten, bis ein glatter, geschmeidiger Teig entsteht. 1 Std. ruhen lassen.

2 Frischkäse mit 2 EL Öl verrühren. Backofen auf 220° (Umluft 200°) vorheizen. Backblech fetten.

3 Teig halbieren. Auf wenig Mehl zu dünnen, runden Fladen ausrollen. Einen Fladen auf das Backblech legen. Füllung darauf verteilen. Mit dem zweiten Fladen abdecken. Ränder andrücken.

4 Kleine Mulden in die Oberfläche drücken, mit dem restlichen Olivenöl beträufeln. Die Focaccia im Ofen (Mitte) 15 Min. backen.

Zutaten für 4 Personen:

250 g Mehl
1/2 TL Salz
6 EL Olivenöl
250 g Ziegenfrischkäse oder weicher Schafkäse
Fett für das Backblech
Mehl für die Arbeitsfläche

Zubereitungszeit: 1 1/2 Std.
(+ 15 Min. Backzeit)
Pro Portion etwa:
2565 kJ / 615 kcal
26 g EW / 35 g F / 49 g KH

Schmeckt auch kalt

Zutaten für 4 Personen:

400 g Mehl
Salz
1/2 Würfel Hefe (20 g)
5 EL Olivenöl
80 g Griebenschmalz
2 EL gehackte grüne Oliven
1 EL frisch gehackte Petersilie
30 g frisch geriebener Parmesan
Fett für das Backblech
Mehl für die Arbeitsfläche

Zubereitungszeit: 1 1/2 Std.
(+ 25 Min. Backzeit)
Pro Portion etwa:
2870 kJ / 685 kcal
16 g EW / 34 g F / 79 g KH

Gelingt leicht

Focaccia mit Griebenschmalz

1 Mehl mit 1/2 TL Salz mischen. Hefe mit 200 ml lauwarmem Wasser verrühren. Mit dem Öl zum Mehl geben und zu einem glatten Teig verkneten. 1 Std. gehen lassen.

2 Backofen auf 220° vorheizen. Backblech fetten. Schmalz mit Oliven, Petersilie, Salz, Parmesan mischen.

3 Griebenschmalzmischung kräftig unter den Teig kneten. Zu einem runden Fladen von 30 cm Durchmesser ausrollen.

4 Auf das Backblech legen, nochmals 10 Min. gehen lassen. Die Focaccia im Ofen (Mitte, Umluft 200°) 25 Min. backen.

Focaccia mit Walnüssen

1 Das Mehl mit dem Salz vermischen. Die Hefe mit 200 ml lauwarmem Wasser verrühren. Mit 4 EL Öl zum Mehl geben und gut verkneten. 1 Std. gehen lassen.

2 Rosmarinnadeln von den Stielen zupfen. Mit dem Salbei hacken. Backofen auf 220° vorheizen. Backblech fetten.

3 Nüsse und Kräuter unter den Teig kneten. Den Teig zu einem runden Fladen von 30 cm Durchmesser ausrollen.

4 Den Fladen auf das Backblech legen. Kleine Mulden in die Oberfläche drücken. Mit dem übrigen Öl beträufeln und nochmals 10 Min. gehen lassen. Den Fladen im Ofen (Mitte, Umluft 200°) 25 Min. backen.

Zutaten für 4 Personen:

400 g Mehl
1/2 TL Salz
1/2 Würfel Hefe (20 g)
6 EL Olivenöl
2 Zweige frischer Rosmarin
8 Salbeiblätter
100 g gehackte Walnüsse
Fett für das Backblech
Mehl für die Arbeitsfläche

Zubereitungszeit: 1 1/2 Std.
(+ 25 Min. Backzeit)
Pro Portion etwa:
2165 kJ / 515 kcal
14 g EW / 16 g F / 80 g KH

Schmeckt auch kalt

Zutaten für 4 Personen:

Für den Hefeteig:
1/2 Würfel Hefe (20 g)
1 Prise Zucker
450 g Mehl
3 EL Olivenöl
1 TL Salz
Für die Füllung:
2 Zwiebeln
1 Knoblauchzehe
1 EL Olivenöl
1 große Dose geschälte Tomaten (800 g)
Salz
schwarzer Pfeffer
Cayennepfeffer
3 EL Tomatenmark
250 g Mozzarella
200 g gekochter Schinken
1 Bund Basilikum
100 g tiefgekühlte Erbsen
Backpapier für das Blech
Mehl für die Arbeitsfläche

Zubereitungszeit: 1 1/2 Std. (+ 20 Min. Backzeit)
Pro Portion etwa:
3640 kJ / 870 kcal
40 g EW / 31 g F / 107 g KH

Gelingt leicht

Calzone mit Schinken-Mozzarella-Füllung

1 Die Hefe in eine Tasse bröckeln und mit 200 ml lauwarmem Wasser glattrühren, mit den anderen Teigzutaten zu einem glatten, geschmeidigen Teig verkneten. Zugedeckt an einem warmen Ort 1 Std. gehen lassen.

2 Inzwischen die Zwiebeln und den Knoblauch schälen und hacken. Das Öl in einem breiten Topf erhitzen, die Zwiebeln und den Knoblauch darin glasig werden lassen. Die Tomaten abtropfen lassen und in den Topf geben, mit Salz, schwarzem Pfeffer, Cayennepfeffer und Tomatenmark würzen und offen bei schwacher bis mittlerer Hitze unter häufigem Rühren 30 Min. köcheln lassen.

3 Den Mozzarella und den Schinken klein würfeln. Das Basilikum waschen, abtrocknen und hacken. Die Erbsen in einem Sieb warm abbrausen, abtropfen lassen.

4 Den Teig auf wenig Mehl noch einmal durchkneten. In 4 Portionen teilen, jede zu einem 20–25 cm großen Kreis ausrollen. Jeweils etwas Tomatensauce, Käse, Schinken und Basilikum sowie einige Erbsen daraufgeben.

5 Die Kreise zu Halbkreisen falten, die Ränder gut festdrücken. Die Halbkreise so ziehen, daß der Rand oben in der Mitte liegt. Den Rand mit den Fingerkuppen zur Wellenlinie zusammendrücken.

6 Die Pizzen auf ein mit Backpapier belegtes Blech setzen und zugedeckt noch 15 Min. gehen lassen. Den Backofen auf 225° (Umluft 200°) vorheizen. Die Pizzen im heißen Ofen (Mitte) 20 Min. backen.

Tip: Wer den Rand verzieren möchte, nimmt vor dem Ausrollen etwas Teig ab, rollt zwei lange Stränge und verschlingt sie miteinander. Als Rand an die geformte Calzone drücken.

Zutaten für 4–6 Personen:

Für den Hefeteig:
1/2 Würfel Hefe (20 g)
1 Prise Zucker
450 g Mehl
3 EL Olivenöl
1 TL Salz
Für die Füllung:
2 Zwiebeln
2 Knoblauchzehen
2 EL Olivenöl
300 g tiefgekühlter Blattspinat
3 Sardellenfilets
100 g schwarze Oliven
Salz
schwarzer Pfeffer
125 g Mozzarella
200 g weicher Ricotta
4 EL Tomatenmark
4 TL frische Majoranblättchen
Mehl für die Arbeitsfläche
Backpapier für das Backblech

Zubereitungszeit: 1 1/2 Std. (+ 20 Min. Backzeit)
Bei 6 Personen pro Portion etwa: 3075 kJ / 735 kcal
29 g EW / 25 g F / 99 g KH

Für Gäste

Calzone mit Spinat-Ricotta-Füllung

1 Die Hefe in eine Tasse bröckeln und mit 200 ml lauwarmem Wasser glattrühren, mit den anderen Teigzutaten zu einem glatten, geschmeidigen Teig verkneten. Zugedeckt an einem warmen Ort 1 Std. gehen lassen.

2 Inzwischen die Zwiebeln und den Knoblauch schälen und hacken. Das Öl in einem breiten Topf erhitzen, die Zwiebeln und den Knoblauch darin glasig werden lassen. Den Spinat dazugeben und unter häufigem Rühren bei schwacher Hitze zugedeckt auftauen lassen. Anschließend ohne Deckel garen, bis die Feuchtigkeit größtenteils verdampft ist.

3 Die Sardellenfilets kalt abspülen und hacken. Die Oliven entsteinen und grob hacken. Beides unter den Spinat mischen, diesen mit Salz und Pfeffer abschmecken und vom Herd nehmen. Den Mozzarella würfeln und untermischen, den Ricotta ebenfalls untermengen.

4 Den Teig auf wenig Mehl noch einmal durchkneten. In 4 Portionen teilen, jede zu einem 20–25 cm großen Kreis ausrollen. Jeweils etwas Tomatenmark aufstreichen und etwas Majoran aufstreuen. Die Spinatmischung darauf verteilen.

5 Die Kreise zu Halbkreisen falten, die Ränder gut festdrücken und dekorativ formen, zum Beispiel mit der stumpfen Messerseite einkerben. Die Pizzen auf ein mit Backpapier belegtes Blech setzen und zugedeckt bei Zimmertemperatur noch 15 Min. gehen lassen.

6 Den Backofen auf 225° (Umluft 200°) vorheizen. Die Pizzen im Ofen (unten) 20 Min. backen.

Dazu schmeckt ein leichter Weißwein, z. B. ein Soave, oder ein Rosé.

Polnische Piroggen

Zutaten für 6 Personen:

Für den Hefeteig:
1/2 Würfel Hefe (20 g)
100 ml lauwarme Milch
25 g weiche Butter
1/2 TL Salz
1 Ei
300 g Mehl
Für die Füllung:
2 kleine Zwiebeln
250 g Schweineschulter ohne Knochen
150 g Champignons
1 EL Öl
75 g Crème fraîche
Salz
schwarzer Pfeffer
Paprika, edelsüß
1 Eigelb
1 EL Milch
Mehl für die Arbeitsfläche
Backpapier für das Backblech

Zubereitungszeit: 1 1/2 Std. (+ 15 Min. Backzeit)
Pro Portion etwa: 1680 kJ / 400 kcal
15 g EW / 18 g F / 44 g KH

Für Gäste

Dazu schmeckt am besten Bier.

1 Die Hefe in eine Tasse bröckeln und mit der Milch glattrühren. Mit Butter, Salz, dem Ei und dem Mehl zu einem glatten, geschmeidigen Teig verkneten. Zugedeckt an einem warmen Ort 1 Std. gehen lassen.

2 Inzwischen für die Füllung die Zwiebeln schälen und fein würfeln. Das Fleisch in sehr kleine Stücke schneiden. Die Champignons putzen und klein würfeln.

3 Das Öl in einer Pfanne erhitzen, die Zwiebeln darin glasig werden lassen. Das Fleisch dazugeben und rundherum anbraten, die Pilze einrühren. Einige Minuten garen, bis die Feuchtigkeit verdampft ist, dann die Crème fraîche unterrühren. Mit Salz, Pfeffer und Paprika abschmecken und etwas abkühlen lassen.

4 Den Teig auf wenig Mehl noch einmal durchkneten und dünn ausrollen. 12 cm große Kreise ausstechen. Teigreste erneut durchkneten, wieder ausrollen und ebenfalls Kreise daraus ausstechen.

5 Jeweils etwas Füllung auf die Teigkreise geben. Die Ränder mit etwas Wasser bestreichen, die Teigkreise zu Halbkreisen zusammenfalten. Die Ränder mit einer Gabel fest zusammendrücken.

6 Die Piroggen auf ein mit Backpapier belegtes Blech setzen und bei Zimmertemperatur noch 15 Min. gehen lassen. Den Backofen auf 200° (Umluft 180°) vorheizen.

7 Eigelb mit Milch verquirlen. Die Piroggen damit bepinseln und im Ofen (Mitte) 15 Min. backen.

Tips: Die Piroggen lassen sich sehr gut in einer größeren Menge zubereiten und portionsweise einfrieren. So haben Sie für Überraschungsgäste immer etwas im Haus. Die gefrorenen Teigtaschen dann im Backofen bei 200° (Umluft 180°) in 10-15 Min. heiß und knusprig werden lassen. Die Taschen dazu auf ein Blech legen und gleich beim Anheizen des Ofens mit hineinschieben.

Piroggen werden in ihrer Heimat mit den unterschiedlichsten Füllungen zubereitet, häufig auch mit Resten. Zum Beispiel kann man gekochtes Sauerkraut und Fleischreste mischen und mit Crème fraîche oder saurer Sahne gemischt in den Teig füllen. Weitere Möglichkeiten: Nur Pilze verwenden und die Füllung zusätzlich mit 1 Ei binden. Oder gekochten Lachs kleinschneiden, mit gekochtem Reis, Dill und Ei mischen und als Füllung verwenden.

In Rußland, wo man ähnliche Pasteten zubereitet, diese aber kleiner formt und manchmal in schwimmendem Fett ausbackt, kennt man eine Füllung aus Frühlingszwiebeln und Ei oder auch aus zerdrücktem Schafkäse und Joghurt.

Bevor die Crème fraîche dazukommt, die Flüssigkeit der Pilze gut einkochen lassen.

Die Teigstücke ausrollen und jeweils mit einem Löffel Füllung in die Mitte geben.

Zusammenklappen, die Ränder mit einer Gabel fest zusammendrücken. Mit Eigelbmilch bepinseln.

Zutaten für 4–6 Personen:

7 Scheiben Tiefkühl-Blätterteig (450 g)
500 g Lauch
1 EL Butter
100 ml trockener Weißwein
Salz
schwarzer Pfeffer
500 g vorwiegend festkochende Kartoffeln
150 g herzhafter Bergkäse
175 g durchwachsener Räucherspeck
Mehl für die Arbeitsfläche
1 Ei zum Bestreichen
Und: 1 Quiche- oder Pizzaform von 28–30 cm ø

Zubereitungszeit: 1 Std. (+ 35 Min. Backzeit)
Bei 6 Personen pro Portion etwa: 3285 kJ / 785 kcal
24 g EW / 53 g F / 51 g KH

Preiswert

Schweizer Kartoffel-Lauch-Kuchen

1 Die Blätterteigplatten nebeneinander legen und unter einem Tuch auftauen lassen. Anschließend die Hälfte der Platten aufeinander legen und auf wenig Mehl etwa 2 mm dick ausrollen. Die Quiche- oder Pizzaform umgedreht darauf legen und rundherum den Teig abschneiden. Diesen Teigdeckel kalt stellen.

2 Den restlichen Blätterteig zu einem etwa 40 cm großen Kreis ausrollen. Die Quiche- oder Pizzaform kalt ausspülen, nicht abtrocknen. Den Teig hineinlegen (er steht an den Rändern etwas über). Den Teig mit einer Gabel mehrmals einstechen und kalt stellen.

3 Den Lauch putzen, aufschlitzen und waschen, in schmale Streifen schneiden. Die Butter in einer Pfanne zerlassen, den Lauch darin kurz anschwitzen, dann den Wein angießen. Mit Salz und Pfeffer würzen und bei mittlerer Hitze knapp 5 Min. garen. Abtropfen und abkühlen lassen. Die Kartoffeln schälen, waschen und in dünne Scheiben hobeln. Den Käse grob reiben, den Speck klein würfeln.

4 Den Backofen auf 200° vorheizen. Ein Drittel der Kartoffeln auf den Teigboden in die Form geben, je ein Drittel von Lauch, Speck und Käse darüber verteilen. Alle Zutaten einschichten, dann den überstehenden Teig nach innen über die Füllung klappen.

5 Das Ei zum Bestreichen trennen. Den Teigdeckel mit verquirltem Eigelb bestreichen und vorsichtig mit einer Gabel wellenförmig einkerben. Den eingeschlagenen Teigrand mit leicht verquirltem Eiweiß bestreichen, den Teigdeckel auflegen und andrücken. Den Kuchen im Ofen (unten, Umluft 180°) 35 Min. backen.

Dazu schmeckt ein Schweizer Weißwein, z. B. ein Fendant.

Fougasse

Zutaten für 6 Personen:
Für den Hefeteig:
500 g Mehl
1/2 Würfel Hefe (20 g)
1 TL Zucker
3 EL Olivenöl
1 1/2 TL Salz
Für die Füllung:
1 Dose geschälte Tomaten (400 g Inhalt)
100 g getrocknete, in Öl eingelegte Tomaten
schwarzer Pfeffer
1 TL Kräuter der Provence
2 EL Olivenöl
Mehl und Backpapier für die Arbeitsfläche

Zubereitungszeit: 1 3/4 Std.
(+ 30 Min. Backzeit)
Pro Portion etwa:
1785 kJ / 425 kcal
13 g EW / 8 g F / 78 g KH

Braucht etwas Zeit

1 Das Mehl in eine Schüssel geben, in der Mitte eine Mulde eindrücken. Die Hefe hineinbröckeln, mit dem Zucker bestreuen und mit 300 ml lauwarmem Wasser verrühren. Das Öl und das Salz dazugeben und alles zum geschmeidigen Teig verkneten. Zugedeckt an einem warmen Ort 1 Std. gehen lassen.

2 Inzwischen die Tomaten aus der Dose in ein Sieb abgießen und gut abtropfen lassen. Grob zerkleinern. Die getrockneten Tomaten klein würfeln. Beides mit Pfeffer, Kräutern und Öl mischen.

3 Den Teig auf leicht bemehltem Backpapier zu einem etwa 30 x 40 cm großen Oval (etwa Backblechgröße) ausrollen. Die Tomatenmischung längs auf eine Hälfte geben, dabei einen etwa 1 cm breiten Rand frei lassen.

4 In die andere Teighälfte mit einem Messer mehrere parallele Einschnitte machen, dabei aber den Teig am Rand nicht durchschneiden. Diese Teighälfte über die Füllung legen und den Rand gut festdrücken. Die Fougasse leicht mit Mehl bestäuben und mit einem Tuch bedeckt weitere 30 Min. ruhen lassen.

5 Den Backofen auf 200° vorheizen. Die Fougasse im Ofen (Mitte, Umluft 180°) 30 Min. backen.

Info: Dieser würzig gefüllte Fladen kommt aus der Provence. Er wird hauptsächlich als Imbiß zum Wein serviert.

Der Tip vom Profi

Pies stammen aus England und sind keineswegs nur dem Wunsch einer interessanten Resteverwertung entsprungen. Vielmehr suchte man nach einem Verfahren, einen festlichen pikanten Kuchen zu backen, bei dem das Fleisch unter der knusprigen Hülle wunderbar saftig und zart bleibt. Für Pies werden die Formen nicht ganz mit Teig ausgekleidet, sondern die Fleischmasse kommt in eine feuerfeste Form und wird mit einem Teigdeckel verschlossen. Damit sich unter dem Teig nicht zu viel Feuchtigkeit sammelt, schneidet man einen Kamin in den Teigdeckel. Am besten machen Sie das, bevor Sie den Teigdeckel auflegen.

Geflügelpie

Zutaten für 4 Personen:

5 Scheiben Tiefkühl-Blätterteig (300 g)
250 g Champignons
2 EL Öl
2 Knoblauchzehen
250 g Möhren
250 g Lauch
Salz
600 g Putenschnitzel
Pfeffer
1 Prise Cayennepfeffer
100 g frisch geriebener Cheddar oder Gouda
1 Eigelb
Fett für die Form
Mehl für die Arbeitsfläche
Und: 1 Pieform von 26 cm ø

Zubereitungszeit: 45 Min. (+ 15 Min. Backzeit)
Pro Portion etwa: 3475 kJ / 830 kcal
44 g EW / 52 g F / 47 g KH

Schnell

1 Den Blätterteig aus der Packung nehmen und zugedeckt auftauen lassen. Die Champignons putzen, kurz abbrausen und in Scheiben schneiden. 1 EL Öl in einer Pfanne heiß werden lassen. Die Champignons in die Pfanne geben, 5 Min. bei starker Hitze dünsten, bis fast alle Flüssigkeit verdampft ist. Den Knoblauch schälen und dazupressen.

2 Die Möhren schälen und in kleine Würfel schneiden. Den Lauch putzen, waschen und in schmale Ringe schneiden. Möhren in kochendem Salzwasser 3 Min., Lauchringe 1 Min. blanchieren, eiskalt abschrecken und in einem Sieb sehr gut abtropfen lassen.

3 Die Putenschnitzel in fingerdicke Streifen schneiden und im restlichen Öl 5 Min. rundherum kräftig anbraten. Mit Salz, Pfeffer und Cayennepfeffer kräftig würzen. Mit dem Gemüse, den Pilzen und dem Käse mischen. Die Pieform fetten und die Mischung hineinfüllen. Den Backofen auf 220° vorheizen.

4 Den Blätterteig aufeinander legen und auf einer bemehlten Fläche etwas größer als die Pieform ausrollen. In die Mitte des Deckels ein Loch schneiden, damit der Dampf entweichen kann. Den Teigdeckel auf die Form legen und den Rand rundum andrücken. Teig eventuell mit Teigresten verzieren. Das Eigelb verquirlen und den Teigdeckel damit bestreichen. Die Pie im Backofen (Mitte, Umluft 200°) in 15 Min. goldgelb backen.

Tip: Anstelle der Putenschnitzel können Sie auch Hühnerbrustfilet oder Kabeljaufilet verwenden.

Zutaten für 4–6 Personen:
7 Scheiben Tiefkühl-Blätterteig (450 g)
600 g magere Schweineschulter ohne Knochen
1/2 Bund Petersilie
1 große Zwiebel
100 ml trockener Weißwein
Salz
schwarzer Pfeffer
3 Eigelbe
150 g Crème fraîche
Mehl für die Arbeitsfläche
1 Eigelb zum Bestreichen
Und: 1 feuerfeste Form von 26 cm ø

Zubereitungszeit: 50 Min. (+ 45 Min. Backzeit)
Bei 6 Personen pro Portion etwa: 3100 kJ / 740 kcal
21 g EW / 55 g F / 36 g KH

Preiswert

Elsässer Winzerpastete

1 Die Blätterteigplatten nebeneinander legen und auftauen lassen. Inzwischen das Schweinefleisch in kleine Würfel schneiden. Die Petersilie waschen, abtrocknen und hacken. Die Zwiebel schälen und in kleine Würfel schneiden. In einer Schüssel das Fleisch mit der Petersilie, den Zwiebeln, dem Wein, Salz und Pfeffer verrühren.

2 5 Blätterteigplatten aufeinander legen und auf wenig Mehl ausrollen. Die Form kalt ausspülen, nicht abtrocknen. Einen etwa 35 cm großen Kreis daraus ausschneiden und diesen in die Form legen. Den Rand leicht andrücken.

3 Die Fleischmischung auf den Teig in die Form geben. Die beiden übrigen Teigplatten und die Teigreste des großen Kreises aufeinander legen und auf leicht bemehlter Fläche ausrollen, einen 26 cm großen Kreis ausschneiden, in die Mitte eine kleine Öffnung schneiden, damit der Dampf entweichen kann. Auf die Pastete legen. Den Backofen auf 225° vorheizen. Das Eigelb zum Bestreichen in einer Tasse mit 1 EL Wasser verquirlen. Den Teigdeckel damit bestreichen, den überstehenden Teig des Randes darüber klappen und vorsichtig festdrücken. Den Teigdeckel eventuell mit Teigresten verzieren. Die Pastete im Ofen (unten, Umluft 200°) 25 Min. backen.

4 Die Pastete aus dem Ofen nehmen, die Temperatur auf 200° (Umluft 180°) herunterschalten. Die Eigelbe mit der Crème fraîche verquirlen und mit einem Kännchen oder Trichter langsam in die Deckelöffnung der Pastete gießen. Dabei die Pastete schräg halten, damit die Eiersahne hineinfließen kann. Die Pastete noch 20 Min. backen. Kurz abkühlen lassen, dann auf eine große Platte gleiten lassen.

Rezept- und Sachregister

L

M

O

P

Q

KÜCHENDOLMETSCHER

Deutschland	Österreich	Schweiz
Aubergine	Melanzane	Aubergine
Brötchen	Semmeln	Brödli
Chilischoten	Pfefferoni	Gewürzpaprika
Eigelb Eiweiß	Eidotter Eiklar	Eigelb Eiweiß
Grüne Bohnen	Fisolen	Grüne Bohnen
Hackfleisch	Faschiertes	Hackfleisch
Kartoffeln	Erdäpfel	Kartoffeln
Lauch, Porree	Porree	Lauch
Möhren (längliche) Möhren (rund)	Karotten Karotten	Rüebli Möhrli
Paniermehl Paprikaschoten Pellkartoffeln Pilze	Semmelbrösel Paprika Erdäpfel in der Schale Schwammerln	Paniermehl Peperoni Gschellti Pilze
Quark	Topfen	Quark
Rosenkohl	Kohlsprossen	Rosenkohl
Sahne, saure Sahne, süße Schmand Stielmangold Suppengrün	Rahm Obers dicker saurer Rahm Stielmangold Wurzelwerk	saurer Rahm Rahm dicker saurer Rahm Krautstiel Suppengrün
Tomate	Paradeiser	Tomate
Walnüsse	Baumnüsse, Walnüsse	Baumnüsse
Weißkohl Wirsing	Weißkraut Kohl	Weißkabis Wirz
Zucchini	Zucchini	Zucchini/ Zucchetti
Zuckerschote	Erbsenschote	Kefe

Impressum

Die Autoren

Cornelia Adam
Nach ihrer Ausbildung zur Hotelfachfrau verbrachte sie mehrere Jahre im Ausland, um Sprachen und Landesküchen zu »studieren«. Danach war sie mehrere Jahre Mitarbeiterin bei einer bekannten Frauenzeitschrift, in Versuchsküche und Redaktion. Inzwischen ist sie eine erfolgreiche Kochbuchautorin, die sich mit ihren unkomplizierten, schnellen Rezepten einen Namen gemacht hat.

Angelika Ilies
Die gebürtige Hamburgerin mit Wohnsitz in Langen bei Frankfurt begann ihren Start in die Karriere direkt nach dem Ökotrophologie-Studium – mit einem Umweg über London, wo sie in einem renommierten Verlag Redaktionsalltag erlebte. Zurück im eigenen Land verstärkte sie das Kochressort der größten deutschen Foodzeitschrift. Seit 1989 arbeitet sie erfolgreich als freie Autorin und Food-Journalistin. Ihr Schwerpunkt in diesem Buch sind beliebte internationale Rezepte.

Gudrun Ruschitzka
Die gebürtige Sächsin hat ihre berufliche Laufbahn mit einem Facharbeiterbrief als Köchin begonnen. Nach Bibliothekarschule und Kunstgeschichte-Studium arbeitete sie in München bei einem international anerkannten Party-Service. Ihre Stärke: unkomplizierte Rezepte, die sich gut für viele Gäste eignen.

Christa Schmedes
Durch ihre Liebe zum Kochen kam sie zum Hotelfach und hat dort, im Feinschmeckerland Baden, das Kochen von der Pike auf gelernt. Heute arbeitet sie als freie Mitarbeiterin für namhafte Zeitschriften- und Buchverlage und in den Studios bekannter Food-Fotografen. Ihr Schwerpunkt in diesem Buch: aus wenigen Zutaten raffinierte Rezepte zu kreieren

Annette Heisch
Optimale Qualität und sorgfältigste Behandlung von Lebensmitteln liegen ihr am Herzen. Im Laufe ihres Ökotropholgie-Studiums eignete sie sich das theoretische Wissen an, praktische Erfahrungen sammelte sie während der Redaktionstätigkeit bei großen Frauenzeitschiften sowie in der eigenen Versuchsküche. Seit 1995 ist sie als freie Journalistin und Kochbuchautorin tätig. Ihr Thema in diesem Buch: Warenkunde und Küchentechnik.

Die Fotografen

Susie M. und Pete A. Eising haben Studios in München und Kennebunkport, Maine (U.S.A.).
Sie studierten an der Fachakademie für Photodesign in München. 1981 gründeten sie ihr eigenes Studio für Food Fotografie, das dank der gemeinsamen Passion für Esskultur und kulinarische Ästhetik rasch internationales Renomee erwarb. Ihre Kenntnisse über fremde Küchen und Kulturen vertiefen Susie M. und Pete A. Eising auf zahlreichen Reisen, von denen sie immer wieder neue Eindrücke in die künstlerische Gestaltung ihrer Produktionen einbringen.
Martina Görlach: fotografische Gestaltung.
Monika Schuster: Foodstyling
Ulla Krause und Bettina Gousset: Requisite.

Studio und Archiv für Foodfotografie Teubner
Das von Christian Teubner 1962 gegründete Unternehmen genießt international größtes Ansehen. Christian Teubner - Fotograf, Koch und Gourmet - hat auf unzähligen Reisen durch alle Kontinente das Wesen der Landesküchen kennengelernt. In seinem Studio wird dieses Wissen in hochwertige Profi-Bücher umgesetzt. Besonderes Augenmerk legt er dabei auf die naturgetreue Wiedergabe der verwendeten Produkte. Das Fotoarchiv umfaßt eine der größten Sammlungen an warenkundlichen Aufnahmen weltweit.

Dankeschön
für die Unterstützung bei der Fotoproduktion:
Sabre, Paris
Flamant, Geraardsbergen (Belgien)
Anne de Grés, Saint Laurent de la Salancue (Frankreich)
Eichenlaub GmbH, Solingen
Ouest Paniers, La Richardais (Frankreich)
Scof, Saint-Remy-sur-Durolle (Frankreich)
Gunther Lambert, Mönchengladbach
IDC/Sompex, Meerbusch
Radspieler, München
Intacado, Langenfeld

Die Temperaturstufen bei Gasherden variieren von Hersteller zu Hersteller. Welche Stufe Ihres Herdes der jeweils angegebenen Temperatur entspricht, entnehmen Sie bitte der Gebrauchsanweisung.

Redaktion: Katharina Lisson, Sabine Sälzer
Lektorat: Cornelia Schinharl
Warenkunde: Annette Heisch
Versuchsküche: Ursula Eicher, Traute Hatterscheid, Marianne Obermayr
Typografie: Kraxenberger Kommunikation
Herstellung: J. Kojer
Produktion: Jürgen Bischoff

Bildnachweis
Titel, Innentitel, Kapitelaufmacher, Rezeptfotos, Tabellenfotos, Küchentechnik S. 14, 15, 17 (Teig und Quark) und S. 18 und Warenkunde S. 20: FoodPhotography Eising
Warenkunde S. 21 (Oliven) und S. 22 (Paprikapulver): Stockfood

Satz: Easy Pic Library GmbH
Repro: Fotolito Longo, Bozen
Druck und Bindung: Mondadori, Verona
ISBN 3-7742-2829-9

Printed in Italy

Auflage 5. 4. 3. 2. 1.
Jahr 2002 2001 2000 1999 1998

Umschlag-Vorderseite:
Kleine Gemüsequiches S. 26
Umschlag-Rückseite (von oben nach unten):

Alle Aufnahmen entstanden auf Agfachrome 100 RS